KB271829

# 결혼과 함께 멈추는 여자, 결혼과 함께 성장하는 여자

도전하라! 도전하지 않는 꿈은 꿈이 아니다

표 선 희 지음

결혼과 함께 **멈추는** 여자,
결혼과 함께 **성장하는** 여자

●
**발행일** · 2013년 11월 26일 1쇄 인쇄
**지은이** · 표선희
**발  행** · 최한호
**출  판** · 다담북
**본문 디자인** · 포인
**표지 디자인** · 포인

●
**등  록** · 2012년 10월 16일 제2012-000018호
**주  소** · 인천시 부평구 부평동 부평문화로 115번길 54 미성 304
**전  화** · 032) 507-6509, 010-3321-6505
**팩  스** · 032) 507-6505
**e-mail** · chh6505@naver.com
**ISBN** · 978-89-969789-3-0  13320

**정  가** · 13,500원

# 결혼과 함께 멈추는 여자, 결혼과 함께 성장하는 여자

도전하라! 도전하지 않는 꿈은 꿈이 아니다

표 선 희 지음

dadambook

# Contents

## Part 03  여자의 진짜 인생은 결혼 후 부터다

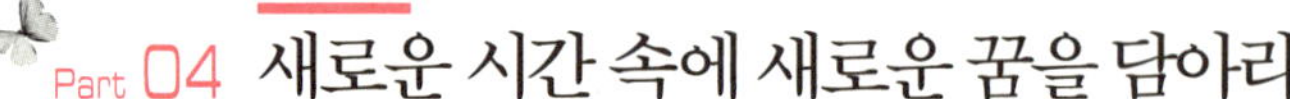

## Part 04 새로운 시간 속에 새로운 꿈을 담아라

# Prologue

## 도전하라!
## 도전하지 않는 꿈은 더 이상 꿈이 아니다

작년 6월 나는 한 권의 책과 마주했다.

평소 독서를 통해 또 다른 세계의 삶을 배우고 사고의 확장을 하는 나는 그 날도 여느 때와 마찬가지로 자기계발서 한 권을 구입하여 탐독하기 시작했다.

평소 같았으면 한 번 읽고 책장에 꽂아두었을 것을 그날 내 손에 들려진 책은 이상하게도 그리되지가 않았다. 책을 아끼는 습성 때문에 평소대로라면 깨끗이 읽고 책장에 가지런히 꽂아두었어야 할 책이건만, 나는 마법에 걸리기라도 한 것처럼 책 구석구석 밑줄을 그어가며 정신없이 읽고 또 읽기를 반복했다. 그리고 적극적으로 책 저자가 운영하는 인터넷 카페에 회원가입도 하고 직접 저자에게 메일도 보내며 내 꿈에 대해 이야기 했다.

며칠 뒤 나는 저자로부터 응원의 답장을 받고는 '세상에나! 이렇게 내 꿈을 응원해 주는 사람도 있네!' 하는 생각에 기쁜 마음을 주체할 수가 없었다. 그날 그렇게 나는 한 권의 책과 얼굴도 모르는 누군가의 응원을 받으며 내 마음속에 잠들어 있던 꿈을 깨우기 시작한다.



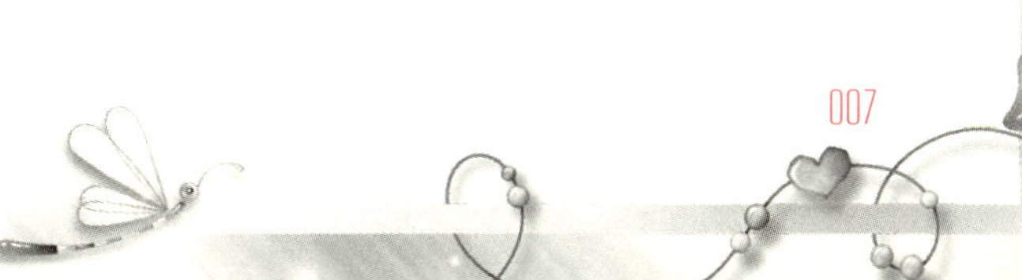

사실 나는 결단력이 부족하다. 그래서 무언가를 결정해야 할 때는 항상 고민하거나 주위 사람의 도움을 받는다. 작년 6월에도 그랬다. 막상 꿈을 찾기는 했지만, 그것을 어떻게 시작해야 할지, 과연 잘해낼 수 있을지, 주위의 비웃음거리가 되지는 않을지, 가정에 소홀해지지는 않을지 등 온통 고민과 걱정뿐이었다.

그렇게 머릿속에 잡념만 가득 채워둔 채로 반년을 보내면서도 마음속은 온통 꿈에 대한 열망뿐이었다.

"머물러있는 삶, 안정적인 삶에 만족하기보다는 항상 발전하고 변화하는 삶을 살자!"라고 외쳐대던 나는 어느새 반년이라는 세월을 걱정과 고민만을 반복하며 그렇게 같은 자리에 머물러 있었던 것이다.

나는 무엇이 문제인가를 곰곰이 생각해 보았다. 꿈에 대한 간절함이 부족했던 것이었다. 꿈에 대한 열망은 마음속에 가득하면서도 머리로는 이런 저런 생각과 계산들로 쉽게 도전하지 못하고 망설이고 있었다. 꿈에 대한 간절함보다는 현실에 연연하느라 그 무엇보다 귀한 세월을 버리고 있었다.

이런 내 모습을 들여다보며 '아! 이러면 안 되지'하는 생각에 올해 2월, 내가 꿈꾸던 나의 길에 과감히 도전장을 내밀기 시작한다. 그리고 일년도 채 되지 않아 두 권의 책을 세상에 내놓으며 당당히 작가로서의 꿈을 이룬다.

내가 만약 평범한 내 삶에 만족하며 지금까지 안주하는 삶을 살았더라면 어떠했을까?

다른 건 몰라도 작가 표선희는 세상에 존재하지 않았을 것이다. 똑같은 자리에서 발전 없는 생각만 하고 누구나 그러하듯 나 또한 남의 탓만 하며 허송세월을 보내고 있었을 게 분명하다.

그러나 나는 꿈을 꾸었고 도전했으며 당당히 그 꿈을 이루었다. 덕분에 이제는 무엇이든 해낼 수 있는 자신감도 생겼다. 도전정신과 그로 인한 성취의 기쁨으로 인해 자신감이라는 보너스도 얻은 셈이다.

동창모임에 다녀오거나 주변 친구들을 통해 소위 잘나가는 친구들의 소식을 들으면 대부분 사람들은 이런 말을 늘어놓는다.

"쟤는 학교 다닐 때 나보다 공부도 못했는데…."
"그 친구보다는 내가 남자들한테 더 인기도 많고 잘 나갔는데…."
"지지리 공부도 못하던 얘가 남편 하나 잘 만나서 호강하며 사네…."

우리는 '현재의 나'보다 잘살고 있는 주변 사람들을 보면 자연스레 움츠러든다. 그리고 기죽지 않으려 상대를 낮추기에 여념이 없고 조그마한 험담거리라도 찾아내기 위해 정신없이 몰두한다. 한술 더해 과거 자신의 잘나가던 때를 회상하며 자기자랑 삼매경에 빠지기도 한다.

이렇듯 사람들은 자신의 초라함을 감추기 위해 상대를 낮추는 험담과 과거 자신의 화려함을 들먹이며 '나 자신'을 드러내기 위해 애를 쓴다. 하지만 그런 자신만 더 초라해질 뿐 사람들은 절대로 과거의 당신을 알아주지 않는다. 요즘 사람들은 눈앞에 있는 당신 현재의 모습만 기억하고 미래의 비전만 보기 때문이다.

나는 여러분에게 과거 속에 묻혀 살지 말라고 말하고 싶다. 과거에 부자였든 가난했든, 공부를 잘했든 못했든, 대기업 직원이었든 중소기업 직원이었든, 사장이었든, 스펙이 화려하든지 초라하든지 더는 상관하지 마라.

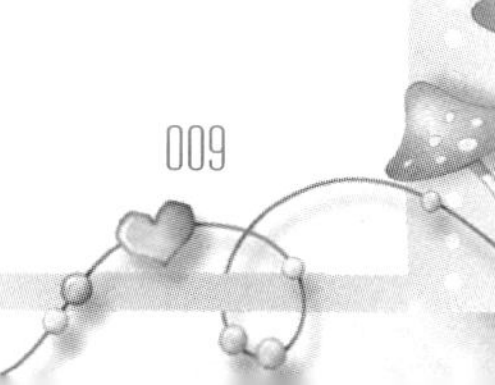

그 대신 지금 현재 이 시간을 최고의 삶으로 만들고, 미래의 삶을 어떻게 변화시켜 나갈 것인지를 고민하고 행동하라.



머지않은 미래에는 지금처럼 과거에 이끌려 다니는 삶이 아닌, 꿈과 함께 자신의 인생을 멋지게 주관하며 사는 주도적인 삶을 살아야 한다.

착한 엄마, 살림 잘하는 아내, 일 잘하는 여성, 아이들 잘 키우는 며느리로서 할 역할만을 수행하며 칭찬받는 삶에 안주하지 말고, 꿈이 있는 아내, 꿈을 꾸는 아내가 되어 그 꿈에 도전하고, 꿈을 이루며 사는 행복한 여성이 되라. 그러기 위해서는 무엇보다 현실에 안주하는 사람, 과거 속에 빠져 사는 사람들은 되도록 멀리하고 도전하는 사람, 미래지향적인 사람들을 가까이하라고 말하고 싶다.

우선은 스스로 긍정적인 마인드를 가져야 한다. 그런 후 주변의 부정적인 방해요소들은 최대한 차단하라. 부정적인 말, 부정적인 시선, 부정적 행동을 하는 사람들은 과감히 멀리하고 긍정적인 요소들만 가까이하라.

안된다고 하는 사람, 될 수 없다고 하는 사람들과는 어울리지 마라. 안되는 일, 될 수 없는 일만 생길 뿐이다. 대신 반드시 된다, 무조건 될 수밖에 없다고 하는 사람들을 가까이하라. 반드시 되고, 될 수밖에 없는 일만 생긴다. 이것이 우주의 법칙이고 성공자들이 먼저 깨닫고 행한 어렵고도 쉬운 법칙 중 하나이다.

나는 꿈을 꾸는 동안 주위의 부정적인 요소들은 최대한 차단했다. 그리고 꿈이 있는 사람, 성공하고자 하는 사람, 이미 성공한 사람들의 말만 듣고 나의 비전을 키워나갔다. 그 결과 내게는 마법과도 같은 일이 일어나고

있다. 지금은 시작에 불과하다. 앞으로 내게는 기적 같은 일이 더 많이 일어날 거라 확신한다.

"꿈꾸는 자만이 그 꿈을 이룰 수 있다!"

진리이자 명언을 그동안의 경험을 통해 확실히 믿는다. 나는 앞으로도 긍정의 힘을 더해 꿈꾸는 일을 게을리하지 않을 것이다.

오늘도 나는 드림리스트에 나의 꿈을 추가하며 설레는 마음으로 그 꿈을 차근차근 이루어 나가고 있다. 드림리스트에 차곡차곡 쌓이는 나의 바람은 내가 살아가는 동안 반드시 이루어질 거라 믿는다.

이 책을 집어든 여러분은 분명 나보다 더 많은 능력과 재능을 가지고 있으리라 생각한다. 그렇기에 나는 당신께 바라본다. 당신이 가지고 있는 능력과 재능을 더는 묵혀두지 말고 지금 당장 그것에 생명을 불어넣어 주라고. 당신도 분명 할 수 있고 이룰 수 있다. 지금 바로 시작만 하면 된다. 나는 이 책을 통해 여러분의 삶에 자극제가 되어 자신이 한 단계 성장하는데 조금이나마 도움이 되길 조심스레 바라본다.

마지막으로 아내의 딴짓에도 멋지게 잘해보라며 든든한 지원군이 되어준 사랑하는 남편 신광호님과 서두에 언급한 나의 운명을 바꿔준 책의 저자이지 나의 꿈을 이낌없이 응원해주신 김태광 작가님께 이 지면을 통해 진심으로 감사의 인사 올린다.

2013년 늦가을 _저자 표 선 희



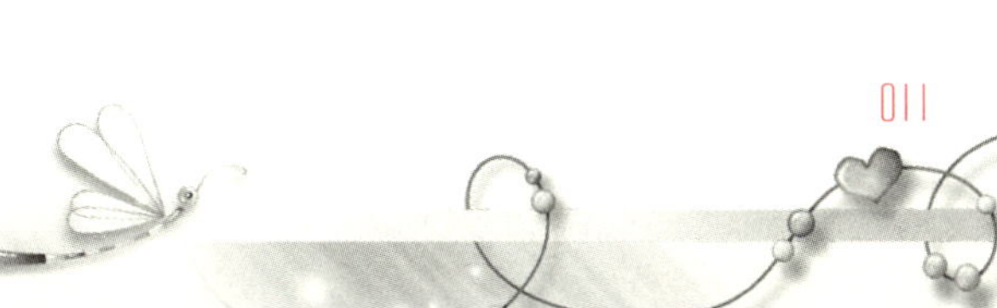

# Part 01

## 평범한 당신, 그냥 이대로 살 것인가

# 그저 살려고만
# 태어난 게 아니다

인간은 세상의 빛을 보기 위해
이미 수십억 대 일의 어마어마한 생물학적 경쟁률을 이겨내고 당당
하게 이 세상에 태어났다. 그러므로 흔히들 인간을 승리의 생명체라
고도 말한다. 그중에는 당연히 '나'도 포함되어 있다.

'나'란 존재 즉, 우리는 인생을 살아가는 데 있어서 그저 그런 무
의미한 삶이 아닌 의미 있고 가치 있는 최고의 삶을 살아야 할 의무
와 권리가 있다.

혹시 당신은 '부모님이 낳아 주셨으니까 태어났고, 태어났으니까

사는 것이지.' 하는 그저 그런 무책임한 삶을 살고 있지는 않은지 생각해 보자.

내가 살아가는 이유, 즉 내가 존재하는 이유라는 딱딱한 철학적 질문에 딱 떨어지는 명확한 답을 얻기란 그리 쉬운 일이 아니다. 아니 어쩌면 '존재 이유란, 이것이다!'하는 답은 없을 수도 있다. 사람마다 생각이 다르고 가치 기준이 다르며 추구하는 삶의 방향이 다르기 때문이다.

이 세상에 태어난 사람치고 목적 없이 태어난 사람은 단 한 사람도 없다. 가장 기본적으로 인간은 태어나면서부터 가정이라는 울타리 안에서 자기만의 존재 이유와 더불어 자신의 자리를 부여받는다.

여자의 경우를 예를 들어보자. 여자는 가족이라는 공동체 안에서 부모님의 딸로 혹은 언니, 누나, 여동생 등으로서의 자기만의 영역 안에서 자신만의 존재를 가지고 살아간다. 또 결혼 후에는 며느리로 아내로 엄마, 제수씨, 형수, 올케, 동서 등의 새로운 이름표를 달고 더 큰 가족 구성원의 일원으로서 더 많은 존재 이유와 목적을 갖게 된다.

더 나아가 사회에서는 선배, 후배, 동료, 아무개의 부인, 학부모, 동네 아줌마 등의 자의 반 타의 반에 의한 사회 구성원에 속해 다양한 목적을 이루며 살아간다.

우리 주변에 존재하는 모든 사물과 생명체는 저마다 존재 이유가 있다.

자연과 생명체는 그 나름의 역할이 있고, 생활에 사용하는 물건들 또한, 각자의 영역에 쓰이기 위해 만들어진 소중한 존재이다.

우리가 하찮게 여기는 길가의 돌을 생각해 보자. 그 돌이 생긴 그대로의 돌로 있느냐, 석공의 손을 거쳐 여러 가지 방식으로 갈고, 다듬고, 조각내어지느냐에 따라서 예술품이나 맷돌, 그릇 등의 다양한 형태로 재탄생되기도 한다.

그리고 그것들은 각자의 자리에서 유용하게 쓰이고 그 쓰임에 따라 가치의 차이도 생긴다. 석공의 혼과 기술이 어떠한 작품을 만들어 내느냐와 만들어진 작품이 어떻게 쓰이느냐에 따라 돌의 모양과 쓰임 그리고 가치가 달라진다는 것이다.

이렇듯 세상에 존재하는 모든 것은 필요성과 가치를 부여받고 있다. 하물며 만물의 영장이라고 일컫는 사람인 '나'란 존재가 정말 아무런 이유 없이 이 세상에 태어났을까? 절대 그렇지 않다. 우리는 그저 살려고 태어난 게 아닌 의미 있는 인생을 만들려고 태어난 것이다. 어쩌면 이것이 우리의 존재 이유 중 하나이기도 하다.

우리가 이 세상에 태어났음에는 분명한 목적이 있다. 그러나 우리는 살면서 종종 '내가 왜 사는지', '어떻게 살아야 하는지', '어떠한 삶을 살아야 하는지'를 잊고 지내기가 일쑤다. 그러다 보니 삶에서 어떠한 즐거움이나 보람도 느끼지 못하는 무미건조한 생활을 하게 되는 것이다.

어릴 적, 우리는 친구들과 "왜 태어났니?, 왜 태어났니?"하는 생일 축하노래를 부르거나 들어본 경험이 있다.

또 어르신들이 가끔 하시는 말 중에 우스갯소리로 "왜 사니 인간아!"하는 말도 심심치 않게 들어봤을 것이다. 물론 이러한 말들은 놀림이나 비판의 부정적인 표현에 자주 쓰이는 말이다. 그러나 한번 생각해 보자.

*"나는 왜 태어났으며 도대체 무엇을 위해 사는 것일까?"*

이 질문에 쉽사리 답을 내놓는 사람은 그다지 많지 않다. 안타깝게도 대부분의 여성은 하나같이 너무도 뻔하고 일관되게 주로 이런 대답을 늘어놓는다.

*"잘 먹고 잘살기 위해서"*
*"행복한 삶을 살기 위해서"*
*"사랑받고 사랑하기 위해서"*
*"나의 자식과 가족을 위해서"*

물론 틀린 말은 아니다. 하지만 이건 너무 쉽고 간단한 대답이면서도 자신에게 가장 성의 없고 쓸쓸한 대답이 아닐 수 없다.

한편 조금이라도 깊게 생각하려 했던 사람이라면, 아마도 갑작스러운 질문에 막막함이 머릿속을 어지럽혔을 것이다. 그리고 아무 생각 없이 살아온 자신의 삶에 대해 한심스러움과 미안함을 느꼈을 것이다.

그렇다고 자신의 무의미 했던 지난날을 생각하며 우울함을 호소

하지 말자. 그리고 '왜 사는 건가?'에 대한 답을 더는 찾지 말자. 대신 지금부터 '왜 살아야 하는가?', '어떻게 살아야 할 것인가?'를 고민하고, 그것에 의미를 부여하며 삶의 이유를 찾아야 한다. 그것이 바로 당신이 앞으로 존재해야 하는 이유이다.

지금까지 '나'란 존재가 목적이나 계획 없이 그저 그렇게 사람에 이끌리어, 혹은 주변 환경이나 세상에 이끌리어 수동적인 삶을 살고 있었다면 이제부터는 내 삶을 주관할 수 있는 능동적이고 가치 있는 인생을 살아야 한다.

석공의 손을 거쳐 돌덩이가 여러 가지 물건으로 재탄생 되고 그에 따른 가치도 달라지듯 '나'란 존재도 나의 지식과 재능을 어떻게 계발시키고 발전시키느냐에 따라, 앞으로 나의 존재 이유와 가치도 달라질 것이다. 그리고 그 역할은 오롯이 나 자신에게 달려있다.

다행히도 존재의 이유에 대해 대답을 한 여성 중 일부분은 이런 말을 덧붙인다.

"생각해 보니 언제부터인가 정작 나 자신을 위한 뚜렷한 목표나 계획은 잊고 사는 것 같아서 서글퍼 지려고해요."

그러면 나는 이렇게 대답한다.

"지금이라도 깨달았으니 다행이에요!"
"앞으로 존재 이유를 명확히 하고 하나씩 계획을 세워 보면 어떨까요?"

나의 질문에 그들은 자신을 되짚어 보는 짧지만 소중한 시간이 되었다.

가족이나 사회구성원의 일원으로써 그 자리를 지키는 것도 물론 중요하고 의미 있는 일이다. 하지만 나를 위한 나만의 존재 이유를 지금 시점에서 다시 한 번 생각해 보고 내 삶을 위한 진정 가치 있는 삶이 무엇인지를 찾아보아야 한다. 그렇지 않으면 앞으로의 삶도 지금과 별반 다르지 않은 삶을 살아야 하기 때문이다.

더는 그저 살아가기 위한 삶을 살아서는 안 된다. 더 늦기 전에 분명한 목표를 세우고 내 인생을 위한 존재 이유를 하나씩 찾아보고 만들어 나가야 한다. 그것이 앞으로 당신이 존재해야 하는 분명한 이유가 될 것이다.

"지금 이 시간 당신은 기억해야 한다. 세상의 빛을 보며 열심히 살아가고 있는 당신에게는 가족이나 사회구성원의 일부분이 아닌 분명 자신을 위해 존재해야 하는 또 다른 특별한 이유가 있다는 사실을."

# "엄마는 꿈이
# 뭐였어?"

"엄마는 꿈이 뭐였어?"
"국어 선생님"
"그런데 왜 안됐어?"

많이 들어 본 이 대화는 최근
유행한 G 학습지 회사의 광고 카피이다. 얼마 전 나는 딸아이와 우
연히 TV 광고를 함께 보게 되었다. 그 광고를 보며 '설마….'하고
있는데, 아니나 다를까 광고를 본 딸이 바로 나에게 묻는다.



결혼과 함께 멈추는 여자, **결혼과 함께 성장하는 여자**

“엄마는 꿈이 뭐였어요?”
“글쎄, 엄마 꿈이 뭐였더라!”

순간 당황한 나는 멈칫거리며 대답을 얼버무렸던 기억이 난다. 사실 나는 어릴 적 꿈이 너무도 많았다. 선생님, 속기사, 탤런트, 연극배우, 뮤지컬 배우, 작가, 성우, 오케스트라 지휘자, 여행가 등 온통 하고 싶고 되고 싶은 것 많은 의욕 넘치는 소녀였다.

그러나 그 많던 욕심과는 달리 사회가 만들어 놓은 시스템 안에서 될 수 있으면 벗어나지 않으려 애쓰며 모범생으로의 삶만 살았다. 그러다 보니 어느 순간 꿈은 저만치 멀어져만 가고 ‘아! 그땐 참 꿈 많은 소녀였는데….’ 하는 아련한 추억만 간직한 채 살게 된 것이다.

어린 자녀들이 꿈에 대해 물으면 대부분의 여성은 보통 이렇게 대답한다.

“엄마의 꿈은 너희가 건강하고 우리 가족 행복하게 잘 사는 것이야!”

분명한 것은 그렇게 말하는 여성들에게도 꿈은 있었다는 사실이다. 그들 역시 사회가 정해놓은 영역에서 공부, 취직, 결혼, 육아라는 테두리를 정해 놓고 그것만 잘 지키고 살면 그것이 잘사는 것이라 생각하며 사는 것이다. 그러나 여기서 여러분이 꿈에 대해 착각하고 있다는 사실을 알아야 한다.

자녀들의 건강과 가족의 행복이 정말 자신의 꿈이 될 수 있다고 생각하는가? 그것은 자신의 바람일 뿐 자신의 꿈이 될 수 없다. 꿈은 자신이 원하는 것을 직접 이루고 누리며 사는 것이 꿈이다. 다시 말해 자녀와 가족에 대한 바람이 자신의 꿈이 될 수는 없다.

우리는 자녀에게 "큰 꿈을 가져라!" 조언하고 바란다. 그러나 정작 자신은 조그마한 꿈조차 꾸려 하지 않는다. 꿈이 없는 엄마가 과연 내 아이에게 '꿈을 가져라!' 말한들 자녀가 얼마나 현실성 있게 받아들일지 생각해본 적은 있는가?

자녀가 성장해 중학생, 고등학생이 되면 어릴 때와는 생각 수준이 확연히 달라진다. 어릴 때에는 엄마의 그런 꿈이 가족을 사랑하는 엄마, 가정적인 엄마로 비칠 수 있다. 하지만 조금 크면 그 아이들은 이렇게 말한다.

"그게 무슨 꿈이야! 그건 꿈이 아니고 엄마의 희망이지, 엄마의 꿈이 정말 그거뿐이야?"

설마 하겠지만, 현실 속 여러분의 모습이다. 과연 그런 엄마를 보며 자녀들은 어떤 생각을 할까. 아마도 여러분은 자녀와 가족을 위해 희생하는 자랑스러운 엄마로 비치길 바랄 것이다. 그러나 그보다는 꿈이 없는 엄마, 자식에게 기대를 거는 부담스러운 엄마가 되어 있을지도 모른다. 어떤 형태의 엄마가 되든지 그것은 여러분의 몫이다.

우리는 꿈을 전부 잊고 살았다고 한다. 하지만 자신의 잠재의식 속에서 알지 못하는 끌림에 의해 무의식적으로 끊임없이 준비해 온 것이 누구에게나 한가지씩은 있기 마련이다. 나의 경우 독서가 그렇다.

지금까지 살면서 내가 가장 잘한 일이 있다면 그것은 독서를 꾸준히 한 것이다. 스무 살 이후부터 꾸준히 한 독서는 나에게 새로운 비전을 제시해 주었고 그 길을 찾아 나설 수 있는 희망과 용기도 주었다. 특히 자기계발 서적은 늘 나에게 동기부여가 되어주었다.

직접적인 계기가 된 것은 삼십대 초반 즈음 자기계발 서적에 흥미를 갖게 되면서부터이다. 언제부터인가 자기계발 서적만을 일부러 찾아 읽으면서 내 모습을 들여다보니 나는 '평범함' 그 자체였다. 남들 하는 것처럼 학교 다니고 회사 다니고 결혼하고 아이 키우고…, 인생에 정해진 틀에 박힌 매뉴얼대로 그 규칙에서 될 수 있으면 벗어나지 않으려 애쓰며 안전한 삶을 추구하며 살았다.

그렇다고 그러한 평범함이 결코 잘못되었다는 것은 아니다. 그러나 나는 그러한 평범함 속에서 벗어나고 싶었다. 그래서 나만의 꿈을 찾기 시작했고, 지금은 그 꿈을 이루며 살기 위해 의식적으로 노력 중이다. 아마도 작가라는 나의 꿈이 꾸준한 독서로 이끌었고, 그 꿈을 이루는 밑거름이 되지 않았나 싶다. 잠재의식 속 끌림에 의해 나는 책에서 나만의 인생길을 찾기 시작한 것이다.

> 사람이 인생에서 저지르는 가장 큰 실수는
> 자신이 가장 즐기는 일을 직업으로 만들려고
> 노력하지 않는 것이다.
>
> _말콤 포브스

말콤 포브스의 말대로라면 나는 불과 몇 해 전까지만 해도 내 인생에 가장 큰 실수를 저지르며 살았다. 어릴 적 가졌던 그 꿈들을 말 그대로 그냥 꿈에 그치게 하였고 내가 가졌던 꿈을 위해 어떠한 생각과 노력도 하지 않았기 때문이다.

'늦었다고 생각했을 때가 가장 빠른 때'라는 말이 있듯이 나는 지나온 삶을 되돌아보며 앞으로의 삶을 계획하고 그 꿈을 이루며 최고의 삶을 살기 위해 노력 중이다.


주변을 돌아보면 꿈이 없는 여성들이 정말로 많다. 예전에 내가 그러했듯이 그녀들 또한, 평범한 삶에 안주하며 인생의 가장 기본적인 매뉴얼대로만 움직이며 산다. 안타까운 것은 그들에게도 분명히 이루고자 하는 꿈이 있었다는 사실이다. 그 꿈이 커다란 것이든 조그마한 것이든 화려한 것이든 소박한 것이든 말이다. 어찌 되었건 '꿈'이라는 것이 분명 있었는데 지금은 그 꿈이 어렴풋한 기억으로만 남아 있다는 것이다.

"나의 그 어렴풋한 기억 속 꿈들은 무엇일까?"

당신이 꿈들을 하나씩 기억해 내는 순간 지난날에 대한 후회가 물밀 듯이 밀려올지도 모른다. 사람은 누구나 후회하며 살기에, 어쩌면 자연스러운 일이다. 그렇다면 우리가 조금만 더 일찍 깨닫고 조금만 더 빨리 꿈을 찾아 움직였더라면 어떠했을까? 아마도 현실과 타협하며 육체적으로나 정신적으로 힘들고 재미없는 삶을 살지는 않았을 것이다. 아니 어쩌면 지금쯤 꿈을 이루고 하고 싶은 일을 하며 행복한 삶을 살고 있지는 않을까?

중요한 것은 우리가 지금의 내 삶을 후회하며 남은 인생을 후회와 아쉬움으로 살기에는 아직 많은 날이 남아 있다는 것이다. 즉 늦지 않았다는 말이다. 지금부터 꿈을 찾고 그것을 이루기 위한 도전을 시작하면 된다. 그러면 분명 머지않은 미래에는 당신이 하고 싶은 일을 즐기며, 경제적인 여유까지 더불어 누릴 수 있는 날이 반드시 찾아온다.

꿈이 없는 사람은 그렇지 않은 사람에 비해 더 빨리 늙는다. 주변을 둘러보면 금방 알 수 있다. 같은 연령대임에도 불구하고 꿈을 갖고 그것을 위해 하루를 열심히 사는 사람은 그렇지 않은 사람에 비해 확실히 젊고 활력이 넘친다.

우리나라 여성들은 늙어감에 굉장히 민감하다. 하루에도 수십 번씩 거울을 들여다보며 얼굴에 생긴 잔주름과 쳐진 볼살을 찾아내며 우울해하고 예민해진다. 나는 그런 여성들에게 진정 젊어지고 싶다면 자신만의 꿈을 꼭 찾으라고 말하고 싶다.

**"엄마는 꿈이 뭐였어?"**

여러분은 이제 대답할 준비가 되어있는가?

# 내 안에 숨겨진
# '진짜 나'를 찾아라

우리는 평소 '두근두근'이라는 말을 자주 사용한다. 우리말 사전에 두근두근의 뜻은 '매우 놀라고 불안하거나 기분이 좋아서 가슴이 자꾸 크게 뛰는 모양을 나타내는 말'이라고 정의 되어 있다. 모두 익히 듣고 배워서 너무나 잘 아는 내용이다.

그러나 '두근두근'이라는 단어에는 우리가 모르는 또 다른 의미가 숨겨져 있었다. 물론 사전적인 의미는 아니다.

그러나 꿈을 찾아 도전하는 사람들에게 '두근두근'이라는 단어의 새로운 뜻은 도전자의 가슴을 설레게 하기에 충분하다.

　3년 전 나는 레크리에이션 자격증 공부를 하느라 퇴근 후 곧장 교육장으로 달려가던 때가 있었다. 레크리에이션 강사는 나의 드림리스트에 있는 목록 중 하나이다.

　그렇기에 온라인과 오프라인을 바쁘게 오가며 열정적으로 공부하여 자격증 취득까지 마친 과정이기도 하다. 그때 두근두근의 또 다른 뜻을 알게 되었고 내가 하고 있는 일에 확신을 가지며 가슴 뿌듯해했던 기억이 난다.

　대부분의 강사는 강연 종반 무렵 청중들과 공감할 수 있는 명언을 말하거나 의미가 담긴 멘트 하나씩을 이야기하며 그날의 강연을 마무리한다. 그러한 멘트 중에 내가 발견한 것이 바로 '두근두근'이라는 것이다. 그때 알게 된 두근두근의 의미는 이러하다.

> **"가슴이 두근두근 대는 것을 느낀다면 그것은 내 꿈이 나에게 '이것이 진정 네가 하고 싶어 하는 일', 그리고 '네가 해야 하는 일'이라고 노크하는 것이다."**

　다시 말해 심장이 나에게 보내는 일종의 신호이다. 당신은 지금 어느 무언가를 생각하며 가슴이 두근대는 것을 느끼는가? 그렇다면 그것은 진정 당신이 절실히 원하는 것이고 꼭 해야 하는 일이므로 반드시 도전하기 바란다.

워킹맘인 나는 퇴근 후 부랴부랴 집에 돌아와 저녁 준비에 밀린 청소, 빨래, 아이들 숙제, 준비물 챙겨주기 등을 끝내고 나면 9시가 훌쩍 넘어버린다. 그제야 겨우 한숨 돌리며 쉬려 하면 옆에서 들려오는 소리가 있다.

> "여보, 출출한데 뭐 먹을 거 없을까?"
> "과일 좀 주지, 만두 좀 구워줘, 달걀 좀 쪄 먹을까?, 치킨 시켜 먹을까?"

다름 아닌 남편의 간식 타령이다. 그러면 나는 화를 내며 말한다.

> "가사일 오늘 마감했어."

사실 그 '가사일'이라는 것은 순수하게 백 프로 나만의 몫이 아니다. 맞벌이 부부인 나의 경우 남편과 분담해야 하는 일이다. 그래서 나는 되도록이면 그 말을 사용하지 않는다. 남편에게 내가 당연히 해야 하는 일로 각인시키는 말 같아서이다. 그럼에도 불구하고 가끔 화가 날 때면 나도 모르게 입에서 불쑥 튀어나온다.

그렇게 내가 한마디 하면 남편은 "그런 게 어디 있어?" 하며 팽 토라진다. 그런 모습을 보면 또 마음이 편하지 않은 게 사실이다.

전업 맘의 경우도 마찬가지이다. 온종일 가사에 육아에 남편 뒷바라지까지 '해도 해도 끝이 없고 표 안 나는 일'을 하고 지칠 대로 지쳐 잠자리에 들라치면, 편하지 않게 하는 남편의 얄미운 말 한마디가 있다.

이럴 땐 왜? 여자들만 조건 없는 희생을 강요당하고 살아야 하는지 한탄스러울 때가 한두 번이 아니다. 분명한 건 '여자', '엄마', '아내', '며느리'라는 명분으로 무조건 순종하고 인내하며 살라고 부모님이 나를 낳아 주시지는 않았다는 것이다.

우리가 내 자식들에게 바라는 기대와 희망이 있듯이 분명 우리의 부모님 또한, 딸을 키우면서 기대하는 바람이 있었을 것이다.

요즘 딸 가진 부모님들은 내 딸이 '여자'이니까 무조건 시부모님 공경하고 남편과 자식 뒷바라지 잘하며 집안에 잡음 안 나게 조용히 순종하며 살면 된다고, 그게 잘사는 거라고 하지는 않으신다. 그만큼 시대정신이 달라졌다는 것이다.

물론 예전에는 딸 가진 게 무슨 죄라도 되는 양 결혼하면 가정의 화목을 위해 안타깝지만, 딸의 조건 없는 희생을 강요하던 때도 있었다. 그러나 지금은 시대가 달라졌다. 21세기를 살아가는 요즘 딸 가진 부모들의 절대적인 생각은 아니라는 것이다.

요즘 우리의 부모님들은 당신 딸이 꿈과 희망도 없이 환경에 이끌려 사는 안타까운 딸의 모습을 원하지는 않는다. 그러한 부모님이 나에게 걸었던 기대와 바람은 뒤로하더라도 내 안에 숨겨진 또 다른 '나'를 위한다면 내가 살면서 하고 싶은 것과 꼭 이루고 싶은 꿈을 반드시 찾아내야 한다.

분명 내 안에는 열정적으로 꿈을 꾸던 또 다른 내가 숨겨져 있다. 우리는 결혼하고 출산을 하면서 결혼생활과 직장생활, 아이들 양육 등 바쁜 일상 속에 본의 아니게 '진짜 나'를 잊어버리고 살았다. 아니 어쩌면 내가 꿈꾸던 진짜 나를 마음속 어딘가에 저당 잡힌 채 살아가고 있는지도 모른다.

우리는 이제 수년간 저당 잡혔던 우리들의 꿈과 희망을 찾아야 할 때가 되었다. 물론 그에 대한 대가도 따른다. 오랜 세월 저당 잡혔던 것이기에 그에 상응하는 경제적인 부담과 시간 투자도 더 많이 해야 한다. 그리고 각오도 단단히 해야 한다.

그렇다고 그게 무서워 언제까지나 자신의 꿈을 내버려 둘 수만은 없지 않은가? 큰마음 먹고 자신의 꿈을 찾았다 해도 그 꿈을 실현하려 하면 막막할 것이다. 세월이 흘러 우리의 꿈에 먼지가 쌓이고, 색이 바래고, 녹이 슬어 삐걱대기까지 하며, 이제는 시대가 바뀌어 바로 사용할 수도 없기 때문이다.

우리는 그것을 빨리 꺼내어 털고, 닦고, 윤내고 시대에 맞게 리모델링해서 '최고의 내 것'이 되도록 생명력을 불어넣어야 한다. 그리고 그 일은 지금 바로 시작해야 한다.


『달팽이의 편지』 저자 윤석미는 '내가 누구인지'를 알기 위해서는 키, 나이, 몸무게, 주민등록번호 등의 형식적인 숫자가 아닌 내면의 모습을 들여다보아야 한다고 말한다. 타인은 나를 알기 위한 수

단으로, 형식적인 '숫자'라는 잣대를 나에게 가져다 댄다. 그러나 남들과 똑같은 잣대를 내가 나 자신에게 가져다 대고 그것을 기준으로 삼으면 안 된다는 것이다.

그녀는 내가 누구인지를 알기 위해서 어떻게 해야 하는지 알려준다.

"자신이 무엇을 보았을 때 행복한지, 무엇을 생각했을 때 가슴이 두근거리는지, 또 무엇을 할 때 신바람이 나는지부터 알아내야 한다."

그런 의미에서 지금 내 마음속에 숨겨져 있는 '나'란 아이가 어떤 아이였는지 다시 한 번 내면을 들여다보자. 그리고 '진짜 나'는 무엇을 원하고 무엇을 하고 싶어 하는지 알아보자.

내 안에 숨겨진 '진짜 나'는 무한한 잠재력과 천재성을 가지고 있다. 그런 나에게 미안하게도 우리는 어느 순간부터 '숨어 있어라!', '잠자코 있어라!' 무언의 강요를 하며 상처를 주었다. 또 우리는 오랜 시간 '진짜 나'는 까맣게 잊어버린 채 관심조차 두지 못했다.

그러나 이제부터는 '진짜 나'를 찾아 날마다 아끼고 보듬어 주면서 긍정의 에너지를 불어넣어 주어야 한다. 그리고 그 에너지는 차츰 내 안에 단단하게 자리를 잡으며 내 마음을 요동치게 하고, 가슴 설레게 하여 줄 것이라는 확신을 가져야 한다.

# 시간은 우리를
# 기다려 주지 않는다

연세 드신 분들은 나이를 흔히 자동차 시속에 비유하곤 한다.

"20대는 시속 20km, 30대는 시속 30km… 60대가 넘으면 KTX처럼 빠르게 가더라, 너희도 나이 들어 봐야 그 심정 이해할 것이다."

농담인 듯 던진 말이지만, 그분들의 수십 년간 인생 경험에서 우러나온 진심이 묻어나는 말임에는 틀림이 없다.

우리는 보통 이 말을 머리로는 받아들인다. 그러나 대체 무슨 뜻인지 가슴으로 느끼기에는 그저 뜬구름 잡는 식 정도밖에 안 된다.

'시간은 누구에게나 똑같이 주어지는데 어째서 나이 듦에 따라 시간의 흐름을 느끼는 차이가 서로 다르다는 건가?', '과장이 좀 심한 표현은 아닐까?'라는 생각을 나는 최근까지도 했었다. 그러나 머지않아 마흔을 바라보는 나이가 되다 보니 이제 그 말이 무슨 뜻인지 조금은 이해가 된다.

우리는 기대수명 백 세 시대로 접어든 현대사회에 살고 있다. 사람의 운명은 한 치 앞을 내다볼 수 없고, 장담할 수 또한 없기에 우리가 장수하리라는 보장은 할 수 없다. 그러나 평균적으로 백 세 시대에 부응한다 생각하고 백 살까지 산다고 가정했을 경우, 우리는 대략 인생의 40% 안팎을 살아낸 셈이다.

이렇게 우리가 평균수명의 반 이상도 채 살지 않은 이 시점에서 지금까지 '어떤 삶을 살았는지' 뒤돌아보라는 말은 더는 하지 않겠다. 다만 앞에서 말했듯이 '어떠한 삶을 살 것인지'는 미래의 '나'를 위해 깊이 고민해 볼 필요성이 있다.

미래의 내 모습을 위해 어떠한 삶을 살 것인지 목표가 생겼다면 그것을 계획과 실천에 옮겨야 함은 누구나 다 알고 있다. 그렇다면 미루거나 지체하는 일은 더는 하지 않아야 한다.

사람들은 어떠한 문제나 시련, 난관에 부딪혔을 때 "시간이 약이다.", "모든 것은 시간이 해결해 주겠지."라는 생각을 많이 한다. 또한, 우리는 그러한 상황에서 어려워하는 사람들에게 격려의 말로 자주 사용하기도 한다.

물론 틀린 말은 아니다. 상황에 따라 시간이 해결도 해주고, 아픔을 잊게 해주는 만병통치약이 될 수도 있다. 그렇지만 꿈을 꾸고 있는 사람들에게는 독약과도 같은 말이 아닐 수 없다.

프랑스의 혁명가로 유명한 체 게바라는 명언을 남겼다.

**"내일 죽을 것처럼 오늘을 살고, 영원히 살 것처럼 내일을 꿈꾸라!"**

사람마다 생각의 차이는 있겠지만, 나에게는 하루하루를 간절함으로 살고, 그 간절함으로 도전과 희망은 계속되어야 한다는 뜻으로 받아들여진다.

만약 당신이 24시간 후에 죽음을 맞이한다고 생각해 보자. 지금 당신은 어떠한 고민을 할 것인가?

첫째, 지금까지 못해본 것, 못 먹어본 것, 보지 못했던 것 등의 아쉬움과 안타까움으로 후회에 후회를 거듭하며 죽음을 맞이한다.

둘째, 이 세상 살다 갔다는 조그마한 흔적이라도 남기기 위해 남은 시간 무언가를 만들고, 남겨진 이들에게 편지라도 한 장씩 쓰는 일을 한다.

셋째, 죽음을 겸허히 받아들이고, 모든 걸 내려놓은 상태로 정리의 시간을 가지며 죽음을 맞이한다.

여러분의 선택은 어떠한가?

첫 번째를 선택한 사람이라면 지금까지 해보지 못한 것들이 뭐가 있는지, 지금 이 순간 가장 후회되는 일이 무엇인지 깊게 고민해 보길 바란다. 그리고 답이 나왔으면, 앞으로의 삶은 그것을 위해 꿈꾸고 도전해야만 후회 없는 인생 마무리를 할 수 있다.

두 번째를 선택한 경우라면 당신은 자신의 존재감을 누구보다도 드러내길 원하는 사람이다. 다만 경제적, 환경적, 시간적 등의 요인들을 핑계로 움직이지 않고 있을 뿐이다. 하지만 자신의 존재감을 이 세상 어딘가에 혹은 누군가에게 남기길 진정으로 원한다면 하루 빨리 핑계의 늪에서 빠져나와 드림로드를 걸어야 한다.

세 번째 유형은 언뜻 보면 신의 경지의 이른 사람 같다. 아니 사람이 아닌 '신'이다.

어떻게 사람이 죽음 앞에 두려움도 한 점 후회도 없이 모든 걸 내려놓고 죽음을 맞이할 수 있단 말인가? 더군다나 아직 젊은 나이에…. 종교적으로 해탈의 경지에 이르거나 신앙의 힘이 남들보다 신실하다면 그럴 수 있다 해도 그게 아닌 이상은 아마도 '폼생폼사'이지 않을까 싶다.

어떤 유형의 마무리를 하게 되든 죽음의 시간을 받아 놓은 지금 이 시간 당신은 분명 일 분, 일 초가 안타깝고 아까울 것이다. 조금만 더 시간이 천천히 갔으면, 아니 이 상태로 멈추었으면 하는 간절한 바람 또한 생길 것이다. 이렇듯 오늘이 아니면 안 되고 지금 이 시간이 아니면 안 될 것 같은 간절한 마음으로 한 걸음씩 목표를 향해 나아가라. 분명히 계획한 일들은 이루어질 수 있다.

평소 사람들은 시간을 너무도 무의미하게 흘려보낸다.

그 이유는 대부분의 사람이 1분 1초가 얼마나 길고 값진 시간인지 직접 경험해 보지 못했기 때문이다. 5분 10분은 보통 짧은 시간으로 간주해 버리기 쉽지만, 만약 당신이 백 명의 사람을 상대로 앞에 나와 5분간 스피치를 하게 된다고 생각해 보자.

사람마다 차이는 있겠지만, 전문가를 제외한 보통 사람들의 경우 2분도 채 되지 않아 안절부절못하며 남은 3분을 어떻게 채워야 할지 난감해한다. 더불어 5분이라는 시간이 5시간을 보내는 것처럼 길게 느낀다.

사람에게 조금의 오차도 없이 공평하게 주어진 것이 있다면 그것은 바로 '시간'이다.

시간은 강자나 약자, 부자나 빈곤자, 나이가 많고 적음에 상관없이 누구에게든 똑같이 적용된다. 하지만 그 시간을 얼마나 계획적으로 가치 있게 사용하고 그 시간을 활용해 얼마만큼의 결과물로 나타내느냐의 능력은 바로 우리 자신에게 달려있다.

미국의 정치가이자 사상가인 벤저민 프랭클린의 시간의 소중함을 일깨워주는 유명한 일화가 있다.

어느 날 벤저민 프랭클린이 경영하는 서점에 한 손님이 책을 들고
묻는다.

"이 책 얼마입니까?"
"1달러입니다."
"조금 싸게 안 됩니까?"
"그렇다면 1달러 15센트만 주십시오."
"여보시오, 깎아 달라는데 더 비싸게 부르는 사람이 어디 있습니
까?"
"1달러 50센트만 주십시오."

화가 난 손님은 프랭클린에게 따지듯 묻는다.

"아니, 깎아 달라는데 오히려 더 비싸게 부르는 이유가 뭡니까?"

그러자 프랭클린은 손님에게 대답한다.

"제게 시간은 돈보다 귀합니다. 그런데 손님께서는 지금 저의 귀
한 시간을 소비시켰으니, 그 시간을 책값에 가산해서 말씀드린 겁
니다."

시간은 하루 24시간 누구에게나 똑같이 주어진다. 그러나 그 시간
을 효율적으로 쓰느냐 그렇지 않으냐에 따라 우리의 인생은 달라지
기 마련이다. 시간을 돈이라 생각한다면 지금처럼 시간을 아무렇게
나 소비하지는 않을 것이다. 분명 돈을 쓰는 것처럼 어떻게 써야 할
지, 어디에 써야 할지, 얼마나 써야 할지를 계획하고 소중히 다룰 것
이다.

하루 24시간 초로 환산하면 무려 86,400초나 된다. 우리는 그 엄

청난 시간을 매일 선물로 받고 있는 셈이다. 지금까지 매일 당연한 듯 받아왔고 살아있는 동안에도 매일 시간의 선물을 받을 것이다.

여기서 우리는 그동안 무감각해지고 무뎌진 시간에 대한 고마움과 소중함을 다시 한 번 되새겨 보아야 한다. 시간은 절대로 우리를 기다려 주지 않는다. 우물쭈물 하고 있는 지금 이 순간에도 어김없이 시간은 흐르고 있다. 우리에게 주어진 시간이라는 선물을 흔한 돌덩이로 만들지 빛나는 보석으로 만들어 나갈지는 바로 자신에게 달려있다.

# 여자라는 편견은
# 스스로 깨라

'여자니까, 여자라서, 여자이기 때문에….'

이런 편견에 찬 말 때문에 여성들은 지금까지 살면서 남성들에게 직, 간접으로 무수히 많은 무시와 성 차별적 대우를 받으며 살아왔다. 그러나 안타깝게도 여성들은 이런 말을 스스로 위안이나, 회피, 핑계 등의 이유로 자기 합리화를 시키며 본의 아니게 자주 사용한다.

20대 초반부터 시작해 지금까지 사회생활을 꾸준히 해 온 나에게 직장이란 곳은 여자라는 이유 하나만으로 아직도 불리하게 작용할 때가 많다. 안타깝게도 성 차별적 편견에서 벗어나지 못한 원인이 가장 크다.

요즘은 사회적으로 여성의 파워가 조금씩 빛을 발하면서 사회분위기가 많이 변하고 있다. 그러나 남성의 우월주의에 여성이 따라가고 보조해 줘야 하는 시스템은 아직도 대부분 회사에서 많이 볼 수 있다.

그래도 지금은 예전보다 회사 규모나 사내 분위기, 남성의 품성이나 인격 정도에 따라 여성을 대하는 방법이나 생각들이 많이 달라져 가는 모습을 볼 수 있는 것은 그나마 다행이다.


가끔 직장 내에서 부당한 대우를 받는 주변 여성들을 볼 때가 있다. 여성들도 남성들과 똑같이 학교 공부하고, 경력이나 근무조건에서 비슷하거나 아니 때로는 오히려 더 좋은 스펙을 가질 때도 있다.

그러나 여자들은 전화 응대, 커피 접대, 복사 심부름 등의 온갖 허드렛일을 우선 기본적으로 떠안는다. 그리고 그것이 당연히 여직원의 몫인 양 남성들은 너무도 자연스럽게 떠맡기거나 자발적으로 맡아서 해주길 원한다.

그렇다고 직장인들이 가장 예민하게 여기는 연봉이나 직급이 남자와 같은 조건에서 시작하는 것도 아니다. 남자들은 그런 현상이 당연한 거 아니냐며 너무도 당당하게 주장한다. 그런 남자들의 주장을 들어보면 이러하다.

어쩌면 그들의 말도 틀린 것은 아니다. 일부 여성들이 '여자'라는 핑계로 자기의 일을 너무 안이하거나 무책임하게 생각하고 행동하는 반면 남성들은 한집안의 '가장'이라는 부담감을 안고 살아야 하는 비애도 분명 있을 테니까 말이다.

그러나 정작 그런 사람 대부분은 말만 거창할 뿐이다. 절박하고 절실하다는 사람이 회사나 가족을 위해서 정작 변화하려 하거나 발전하려는 생각은 하지 않기 때문이다. 오히려 자기 자리가 위태해지지 않을까 걱정을 하면서도 '내 자리는 안전할 거야.', '내 자리만 잘 지키면 돼.' 하며 안주하는 삶을 산다.

그렇기에 자신을 위한 어떠한 자기계발조차도 관심 없어 하거나 게을리하는 사람을 많이 발견한다. 물론 여자들도 예외는 아니다.

직장생활 하면서 근무 외의 시간을 활용해 학원이나 도서관을 찾아다니며 자기계발을 꾸준히 하는 사람을 많이 볼 수 있다. 거기에는 남들이 퇴근 후 툭하면 회식하고 얼근하게 취해서 2차 3차를 외치며 밤 문화를 즐길 때, 열심히 공부하며 자기계발 하는 여성들도 포함되어 있다.

이렇듯 남자라서 혹은 여자라서 더 놀고 덜 놀고, 공부를 많이 하고 적게 하고가 아니라 성별의 기준을 떠나 저마다 가진 꿈이나 목표, 생각이나 계획 등을 종합적으로 판단하여 개개인의 능력이나 발전 가능성을 판단해야 한다는 것이다.

"나는 여자니까 남편 뒷바라지와 살림만 잘하고 아이들만 잘 키우면 되지."라는 생각은 자신을 스스로 여성이라는 사회적 틀에 가두는 것이다. 그러나 언제까지 가족의 보조자 역할만을 스스로 자처하며 자신을 그냥 내버려 둘 것인가.

당신은 남편과 자식의 꿈이 마치 당신의 꿈이고 희망인 양 착각하며, 누군가에 의해 당신 자신을 움직이게 하지 말아야 한다. 더는 '아내이니까.', '엄마이니까.' 라는 여성성을 핑계로 자신을 그 틀 안에 가두려 하면 안 된다는 것이다. 남편의 꿈과 자식의 꿈이 각각 다르듯 당신도 꿈이 있어야 한다.

사회는 여자와 남자가 아닌 한 사람의 인격체로서 그 사람의 능력과 가치를 존중해 줄 때 비로소 발전하고 성장할 수 있다. 그런 의미에서 최근 우리나라에서 최초의 여성 대통령이 나온 것은 현대 사회를 살아가는 여성들에게는 커다란 희망이고 자부심이 아닐 수 없다.

만약 그녀가 과거 대통령의 딸과 퍼스트레이디로서의 자리에 만족했다면 어떠하였을까? 또 여성에 대한 사회적 편견이나 잘못된 생각의 틀에 자신을 가둬 놓았다면 어떻게 되었을까? 아마도 지금의 대통령이라는 직위를 얻지 못했을 것이다.

현재 미국의 정치인이며 국무부 장관이었던 힐러리 클린턴 여사는 우리가 알고 있듯이 전직 대통령이었던 빌 클린턴의 부인이다.

어느 날 클린턴 대통령 부부가 차에 기름이 떨어져 주유소에 들렀는데 주유소 사장이 우연히도 힐러리의 옛 남자친구였다. 주유를 마치고 돌아오는 길에 클린턴은 으스대며 말한다.

"만약 당신이 저 남자와 결혼했으면 지금 주유소 사장의 부인이 되어 있었을 텐데."

그러자 힐러리가 되받아쳤다.

"아니, 저 남자가 지금 대통령이 되어있었겠지."

빌 클린턴의 여성에 대한 무의식적 편견을 힐러리만의 당당함으로 되받아친 이 일화는 아무 생각 없이 남편에게 이끌려 다니는 아내들에게 알려주는 바가 크다. 힐러리는 남들이 부러워하는 영부인의 자리에 있었다. 그러나 그녀는 진정으로 원하는 자신의 꿈과 야망 앞에 어떠한 것과도 타협하지 않았다. 그녀는 자신의 꿈과 야망을 위해 타인이 아닌 자신 스스로가 주체인 삶을 살고자 노력했던 것이다.

당신은 지금 어떤 꿈과 야망을 품고 있는가? 혹시 고리타분한 사회적 편견과 이런저런 주변을 핑계로 아직도 자신을 무책임하게 내버려두고 있지는 않은가? 그렇다면 당신도 힐러리처럼 자신 있게 세상에 나를 알릴 수 있는 일을 찾아 나서기 바란다.

예전의 고리타분한 고정관념으로 '여자니까 안 되고', '여자니까 하지 말아야 하고', '여자니까 할 수 없고' 등의 인식을 이제는 그만 깨어 버려라.

세상이 많이 변하고 있다. 항공기 조종사, 타워크레인 조종사, 전투비행사, 대형선박을 운항하고 엔진을 점검하는 해기사, 여군, 여경, 여소방사, 검사, 판사, 국회의원, 대통령 등 금녀의 직업이라 여겼던 일들에 차츰 여성의 비율이 높아지고 있다. 이들은 모두 '여자라서 안 되고', '하지 말아야 하고', '할 수 없다.'고 생각하는 것들을 '여자도 된다.', '해야 한다.', '할 수 있다.'로 바꾸고 당당하게 자신의 자리에 올랐다.


아직도 남성 우월주의가 만연한 대한민국 사회에서 이루어지기 힘들 거라는 예상을 깨고 몇 해 전 호주제도가 폐지되었다. 이렇듯 시대가 변화고 있는 상황에 여자들은 언제까지 남성 우월주의 사상에 이리저리 끌려다니며 보조자의 역할만 할 것인가.

"여자라서 힘들다.", "여자이기 때문에", "여자여서 안 된다." 등의 고리타분한 생각은 이제 그만 벗어 던져라. 그리고 하나의 인격체로서 주체성을 가지고 떳떳하게 꿈을 꾸고 당당하게 꿈을 이루어라.

# 긍정 에너지를
# 가까이 하라

오랜만에 친구들이나 지인들과

전화 통화나 문자 메시지, 카카오톡 등의 대화를 하게 되면 사람들

은 보통 의례적으로 기본적인 안부를 먼저 물어보게 된다.

"잘 지냈어?"

"응! 나야 뭐, 잘 지내고 있지!"

"너는 어때? 그동안 어떻게 지냈어?"

"나도 똑같지 뭐, 별일 없이 그냥저냥 잘 지내고 있어."

알다시피 우리가 보통 일상에서 사용하는 대화내용과 크게 다르지 않다. 사람을 크게 세 가지로 분류하자면, 긍정형 인간, 평범형 인간, 부정형 인간이 있다고 한다.

이정환 작가의 저서 『재치 있는 말 한마디가 인생을 바꾼다』의 내용을 일부 들여다보면 성공하는 사람과 실패하는 사람은 그들이 사용하는 말에서 확연한 차이가 난다고 한다. 가령 "요즘 어떠십니까?"라는 질문을 했을 경우 부정형 인간은 "별로예요.", "피곤해요.", "죽을 지경입니다.", "묻지 마세요.", "죽겠습니다." 등의 부정의 말을 내뱉는다.

또한, 평범형 인간은 "그저 그렇지요", "대충 돌아갑니다.", "늘 똑같죠.", "늘 거기서 거깁니다." 등의 발전 없는 대답을 한다. 그러나 긍정형 인간은 "좋습니다.", "환상적입니다.", "잘 돌아갑니다." 등의 에너지 넘치고 열정이 넘쳐나는 대답을 한다고 한다.

부정적인 말을 사용하는 사람은 실패자나 패배자가 될 가능성이 높고, 평범한 말을 사용하는 사람은 그저 그런 지극히 평범한 사람으로 남을 것이다. 그러나 긍정적인 말을 사용하는 사람은 승리와 성공이라는 결과를 당신에게 안겨 줄 확률이 높다.

비단 말뿐만이 아니라 생각과 행동도 마찬가지이다. 부정적인 생각에 빠져드는 사람일수록 부정적인 행동과 생활 방식 또한 늘 부정적인 사람으로 변한다. 반면 긍정적인 생각을 많이 하면 매사가 기쁘고 행복한 생활을 유지하게 되며, 좋은 에너지를 받기 위해 함께

하고 싶어지는 긍정적인 사람이 된다.

이처럼 긍정과 부정 사이에서 어떠한 말과 생각 그리고 행동을 하느냐에 따라 그 사람의 성공과 실패를 판가름하는데 중요한 잣대가 되는 것이다.

당신은 세 가지 중 어느 유형에 속하는가? 위의 대화 내용에 공감하는 사람이라면 평범형 인간에 속한다.

대부분 사람들은 보통 위와 같은 질문에 부정형이나 평범형에 가까운 대답을 많이 한다. 신기한 것은 '말'이라는 단어에는 대화하는 상대방에게까지 말의 기운을 전염시키는 신비의 바이러스가 숨겨져 있다는 것이다.

내가 부정의 말을 늘어놓기 시작하면 상대방도 같이 맞장구치며 흥분이라도 한 듯이 부정적인 말들을 내뱉는다. 반면 긍정의 말을 건네면 상대방 또한, 기분 좋은 에너지와 함께 긍정의 말들을 아낌없이 쏟아낸다.

우리는 이것을 보편적으로 끌어당김의 법칙이라고 한다. 같은 것끼리 끌어당긴다는 것이다. 이것은 우리가 말하고 생각하고 행동하고 느끼는 모든 것을 그대로 얻게 된다는 것과 같다.


우리는 삶을 살면서 의도하든 의도하지 않았든 부정의 기운을 내뿜는 사람과 함께 해야 하는 때가 있다. 그들은 사람들이 듣기 불편할 정도의 욕설을 퍼부을 때도 있고, "하루를 보내는 게 너무 따분해.", "사는 게 재미없어.", "결혼 괜히 했나 봐.", "시간이 너무 안 가, 그래서 지루해." 등의 부정적인 말을 너무나 자연스럽게 한다.

그들은 결국, 안타깝게도 여지없이 자신이 내뱉은 재미없고 따분한 그런 삶을 살아가게 된다.

반대로 "오늘 하루 너무 행복해!", "인생은 정말 아름다워!", "결혼하기를 정말 잘했어!", "사는 게 너무 재미있어!" 등의 긍정적인 말을 하는 사람들은 작은 것에 행복해하고 삶 자체를 즐거워하며 산다.


행복한 삶을 살기 위해서는 무엇보다 항상 긍정적인 생각을 하며 살아야 한다. 긍정에너지는 우리에게 정신적으로나 육체적으로 안정 되고 건강한 삶을 가져다주기 때문이다. 그런 긍정 에너지를 얻고 그것을 더욱더 활성화시키기 위해서는 꾸준한 노력을 해야 한다.

예를 들어, 긍정적 마인드를 가진 사람들을 자주 만난다든가, 당신을 즐겁게 해주는 음악 감상이나 여행, 등산 등의 취미 활동을 해도 좋다. 어느 것이 되었든 당신에게 긍정의 기운을 가져다주는 것이라면 항상 가까이하고 즐기라 말하고 싶다.

2010년 기준 우리나라 사망순위를 살펴보면 1위는 암, 2~3위는 뇌혈관 심장질환, 4위는 고의적 자해 즉 자살이라고 한다. 그리고 자살의 원인 1위가 바로 우울증 때문이다. 사망원인 1위인 암과 자살원인 1위인 우울증의 원인을 살펴보면 대부분은 과도한 스트레스와 자기감정을 조절 못 하는 부정적인 생각 때문이다.

이러한 것은 정신적 건강과 육체적 건강에 필요악이다. 우리가 그런 무서운 병을 극복하기 위해서는 무엇보다 '긍정'이라는 단어와 가까워질 필요성이 있다. 긍정적 효과는 이미 여러 가지 연구결과로도 입증된 바가 많다.

국내의 한 연구기관에서 두 개의 양파를 가지고 연구한 재미난 결과를 보자.

두 개의 양파에 각각 긍정과 부정이라는 단어의 이름표를 붙여주고 긍정의 양파에는 "예쁘다", "사랑해!", "너는 잘 자랄 수 있어.", "오늘도 힘내!" 등 격려와 칭찬, 긍정의 말을 해 주었다.

그리고 다른 한쪽에는 "미워!", "너를 죽도록 증오해!", "너는 나빠!", "너는 왜 이 모양이니?" 등의 미움과 증오의 부정적 말을 하고 한 달 후 결과를 살펴보니 긍정의 양파는 푸른 싹이 제법 많이 올라온 반면 부정의 양파는 그렇지 못했다.

이처럼 식물도 주변 감정에 이렇게 반응하는데 하물며 사람은 어떻겠는가? 굳이 말을 하자면 긍정의 의미와 부정의 의미가 담긴 말과 행동, 생각, 감정 등은 직, 간접적으로 날마다 우리에게 커다란 영향을 주고 있는 것이다.

인간이 마음을 다스리는 방법은 본인 자신에게 달려 있음의 깨우침을 준 틱낫한 스님은 그의 저서 『화』를 통해 명언을 남겼다.

사자성어 중에 '인과응보(因果應報)'라는 말이 있다. 선을 행하면 선의 결과가, 악을 행하면 악의 결과가 반드시 따른다는 뜻이다. 흔한 말로 "뿌린 대로 거둔다.", "베푼 만큼 되돌려 받는다."라는 말과도 통한다. 만약 당신이 부정의 씨앗을 뿌리면 부정의 열매를 얻게 되고, 긍정의 씨앗을 뿌리면 반드시 긍정의 열매를 얻게 된다. 사람들 간의 차이는 미미하지만, 사람들의 생각이나 행동이 긍정적이냐, 부정적이냐에 따라 엄청난 차이를 만들어 낸다.

당신은 어떤 유형의 인간이 되길 원하는가? 당연히 긍정적 인간형일 것이다. 그렇다면 지금까지 당신의 내면에 잠재되어 있던 부정적인 요소들은 과감하게 비워 버려라. 그리고 비워진 당신 내면에 긍정의 에너지를 가득 채우면 된다.

# 준비된 자의<br>몫 '기회'

공자는 40세가 넘어야 사물의 이치를 깨닫고 세상에 흔들리지 않는다 하여 마흔의 나이를 '불혹(不惑)'이라 하였다. 예전의 평균수명에 비교한다면, 마흔은 자기 삶의 반 이상을 살았을 나이이다. 그러나 평균수명 백 세를 바라보는 요즘 시대에는 마흔을 가리켜 '부록(附錄)'의 나이라고도 한다. 있어도 그만 없어도 그만, 있으면 좋고 없어도 상관없는 나이. 즉 덤으로 얻은 나이 정도로 치부하여 생겨난 말이다.

어떻게 보면 마흔이라는 나이는 서글프다. 지금까지 열심히 살아

왔지만, 남은 인생을 위해서 더 열심히 살아내야 할 나이이기 때문이다. 지금 이 책을 읽고 있는 여러분은 마흔을 바라보는 나이이거나 혹은 마흔에 도달한 나이일 수 있다. 이미 마흔을 훌쩍 넘은 분도 있을 것이다.

현재 자신의 모습을 들여다보면, 갑자기 서글퍼짐을 느낄 것이다. 자신을 위해 지금까지 해놓은 일이라고는 특별히 찾아볼 수가 없기 때문이다. 남편 뒷바라지하고 자식 키우고 간간이 취미생활 하고 그게 전부인 삶을 살았다. 앞으로가 더 막막하다. 지금까지 그래 왔듯이 남은 인생도 가족을 위해 봉사하고 희생하는 삶을 살아야 하기 때문이다.

누군가는 그런다. 아플 수도 없고, 아파서도 안 되는 나이가 마흔이라고. 그만큼 마흔은 누군가를 위해서 살아야 하는 나이이기도 하다.

사람으로 태어난 이상 누군가에게 도움을 주고 도움을 받으며 살아야 하는 것은 맞다. 그러나 앞으로 십 년 후에도 지금과 똑같은 생각을 하며 후회하는 삶을 살게 된다면 안타까운 일이 아닐 수 없다.

아직 인생의 반도 살지 않은 우리는 누가 뭐래도 젊다. 또 인생의 경험도 웬만큼 해서 철도 들었다. 오히려 세상 물정 모르는 이십대보다 좋은 조건을 가지고 있다. 그러므로 우리는 그것을 바탕으로 앞으로의 일을 계획하고 준비해나가면 된다. 지금 당신이 무엇을 계획하고 어떻게 준비해나가느냐에 따라 당신의 미래는 분명히 달라진다.

현직 국회의원 안철수가 남긴 말이다. 그렇다. 기회는 누구에게나 찾아온다. 그러나 대다수는 그것이 기회인 줄 모르고 놓쳐버린다. 꿈도 없고 목적도 없이 살다 보니 자신에게 정녕 필요한 게 무엇인지를 인식하지 못하고 흘려보내는 것이다.

10년 전, 아니 너무 오래전이라면 5년 전의 삶을 생각해 보자. 당신은 어떤 꿈과 계획이 있었으며 지금까지 그것을 위해 어떠한 삶을 살아왔는지. 그것이 현재 자신의 모습이다. 당신이 5년 전 가진 꿈과 계획한 목표를 바탕으로 지금까지 살아왔다면 당신은 그것을 이루고 있을 것이다. 그러나 그렇지 않았다면 그저 그런 누구나 될 수 있는 평범한 여성의 모습으로 남아 있을 것이다.

이것을 바탕으로 앞으로의 삶을 유추해 보자면 꿈이 없는 삶을 사는 사람은 앞으로 10년 후에도 지금과 같은 모습일 것이다. 그러나 꿈을 갖고 그 꿈을 위해 준비하는 과정을 경험한다면 그 속에서 분명 기회를 잡을 수 있다. 그리고 지금과는 전혀 다른, 꿈을 이룬 당당하고 멋진 여성이 되어 있을 것이다.



모든 성공에는 기회가 따른다. 그러나 준비되지 않은 자는 그것을 자기의 것으로 만들지 못하고 자신에게 찾아온 기회마저 놓쳐버리고 만다.

한 가지만을 위해 끊임없이 노력하고 준비한다는 것이 말처럼 그리 쉬운 일만은 아니다. 그러나 그 쉽지 않은 것을 포기하지 않고 준비하는 사람만이 남과 다른 특별한 인생을 맛볼 수 있다.

드라마나 영화를 보면 늘 꿈을 꾸고 그 꿈을 위해 항상 열정적으로 준비하는 주인공에게 기회가 찾아온다. 비단 허구로 꾸며낸 드라마나 영화가 아니더라도 그런 일은 얼마든지 찾아볼 수 있다.

휴대폰 매장 직원이었던 젊은이가 전 세계를 돌아다니며 오페라가수로 활동하는 폴 포츠는 이제 모르는 사람이 없을 정도로 유명해졌다.

그는 어릴 때부터 어눌한 말투로 인해 늘 따돌림을 당했다. 그래서 대학을 졸업하고도 취업이 어려웠다. 자신에게 닥치는 불행과 고통도 있었지만 폴 포츠는 자신의 꿈을 위해 틈틈이 공부하고 노래를 부르며 자신의 꿈을 이루기 위해 준비했다. 그리고 한 오디션프로그램에서 모두를 놀라게 하며 세계적인 성악가로 다시 태어났다.

폴 포츠가 자신의 불행과 고통, 그리고 사람들의 시선을 두려워하며 아무것도 하지 않았더라면 그는 자신에게 온 기회를 잡지 못했을 것이다. 그는 자신의 꿈과 목표를 위해 꾸준히 공부하고 연습하는 등 꿈을 위한 준비를 해왔기 때문에 자신에게 찾아온 기회를 잡을 수 있었다.


세계적인 명지휘자 토스카니니는 원래 바이올린 연주자였다. 18세에 교향악단의 단원이 된 그는 눈이 좋지 못했다. 그래서 연주할 때마다 악보가 보이지 않아 어려움을 겪어야 했다. 그는 절망하거나 포기하지 않고 그 악보를 외우는 데 전념했다. 자신의 악보는 물론 오케스트라의 아름다운 하모니를 위해 다른 파트 악보까지 외웠다.

그러던 어느 날 연주회를 앞두고 지휘자가 연습장에 나타나지 않았다. 부득이하게 단원들 가운데 한 사람이 연주를 지휘할 수밖에 없는 상황이었다. 단원들은 악보를 다 외우고 있는 그를 지휘대에 세웠고 그는 자신 있게 지휘를 했다. 그것을 계기로 그는 지휘자로 발돋움하게 되었다.

이렇듯 세상은 준비하는 자에게 손을 내밀고, 준비하는 자에게 길을 내어준다. 아무것도 하지 않은 채 기회가 오기만을 기다리는 것은 무모한 일이다. 설령 기회가 당신에게 찾아온다고 해도 준비가 되어 있지 않다면 당신은 그것이 기회인지도 모른 채 그냥 흘려보내게 된다.

늘 제자리걸음만 하는 사람들은 성공하는 사람들을 보며 "운이 좋아서 그런 거야!"라며 부러워하기도 하고 시샘도 한다. 그리고 자기는 '운이 없는 사람'이라며 불운아로 전락시킨다. 그러나 성공한 사람들은 내면에 꿈을 향한 열망과 그 꿈을 위한 준비가 있었기에 자신에게 찾아온 기회를 행운으로 만든 것이다. 반면 불운아라고 자칭하는 사람들은 자신을 위해 어떠한 것도 하지 않은 채 자신을 그럴 수밖에 없게 만든 것이다.

웃자고 하는 말이지만 결코 웃어넘길 수만은 없는 부록의 나이 '마흔'.

사십대는 앞으로 남은 인생을 생각했을 때 결코 쉽게 내버려 둘 수 없는 시기이다. 지금 이 시기를 어떻게 다져 놓느냐에 따라 앞으로 당신의 남은 인생이 달라질 수 있기 때문이다.

성공하고 싶은가? 그렇다면 당신이 지금까지 무심코 흘려보낸 기회들은 잊어버려라. 대신 앞으로 당신에게 찾아오는 기회는 절대로 놓치지 말아야 한다.

**"현재 여러분은 소중한 꿈을 이루기 위한 준비가 되어있는가?"**

# 댄싱 퀸

내가 6~7살 때쯤 친정아버지는 직접 공장을 운영하시며 가구제작 일을 시작하셨다. 사업이라는 것이 예전이나 지금이나 말처럼 그렇게 쉬운 일이 아니듯 예외 없이 친정아버지에게도 사업은 늘 어렵고 힘든 일 같아 보였다.

공장에서 밤샘 작업으로 제작된 가구는 외상으로 팔려 나가거나, 물건값으로 받은 어음은 어쩌다 한 번씩 부도 수표가 되어 돌아오기도 했다. 그뿐만 아니다. 기계를 주로 다루는 일이다 보니 산업재해도 빈번했다. 자칫 긴장이라도 늦추면 눈 깜짝할 사이에 사고가 났

고 친정아버지와 일하는 직원들이 수시로 병원 신세를 지며 수술비
에 입원비 등 큰돈이 나가는 일도 잦았다.

이처럼 수시로 발생하는 크고 작은 일들로 인해 사업은 매번 어려
울 수밖에 없었다. 게다가 자재비에 고정적으로 나가는 직원 월급,
공장 임차료, 각종 공과금 등 제반 비용을 지급하고 나면 집에 가져
오는 수입은 얼마 되지 않았다. 그 때문에 엄마는 직원들 월급보다
도 적은 수입으로 3남매를 키우느라 늘 빠듯한 생활을 할 수밖에 없
었다.


초등학생 때의 일이다. 친정아버지의 공장은 겨울이면 난로에 나
무를 때셨다. 겨울방학이었던 어느 날 하루는 땔감을 구하러 가는
엄마를 무작정 따라나선 적이 있다. 공장에서 일하는 아저씨 한 분
이 앞에서 리어카를 끌었고, 나는 뒤에서 리어카를 밀며 경험해 보
지 못한 일에 즐거워했고 콧노래를 부르며 산에 올랐다.

그날따라 날은 어찌나 춥던지 손등을 에는 것 같은 칼바람에도 엄
마를 도와줄 생각에 손을 호호 불어가며 잔가지들을 주워 모았던 기
억이 난다. 내가 그러는 동안 엄마와 아저씨는 죽은 나무의 가지들
을 톱으로 자르며 그 추위 속에서도 땀을 흘리며 일을 하고 있었다.

그렇게 한참 동안 일을 하고 있는데 갑자기 함박눈이 내리기 시작
했다. 그러나 친정엄마는 전혀 아랑곳하지 않았다. 리어카를 채울
마음에 앞이 보이지 않을 정도로 눈이 내리는데도 산속을 헤매고 다

니는 것이었다. 나는 그런 엄마를 보면서 안타까운 마음이 들었고 그때의 기억은 지금까지도 생각이 난다.

그때 나는 남편 뒷바라지하며 공장직원들 챙기랴, 자식들 챙기랴, 연약한 몸으로 꿋꿋이 그 모든 걸 해내는 엄마를 보면서 엄마가 자랑스러웠고 한없이 위대해 보였다. 그러면서도 나는 어린 마음에 이런 다짐을 하곤 했다.

"나는 나중에 크면 엄마처럼 저렇게 고생하며 살지 않을 거야!"

그러고 보니 내가 그런 생각을 했던 때가 지금의 나의 딸 만한 때였다. 친정 엄마와 비슷한 나이에 결혼한 나는 세월의 흐름을 타고 어느새 그때 친정엄마의 나이가 된 것이다.

우리에게 '엄마'라는 존재는 늘 자신의 것을 아낌없이 내어주고 한없이 베풀기만 해야 하는 사람으로 여겨왔다. 그래서 가족을 위해 당신 몸도 아끼지 않는 희생적인 삶이 전혀 어색해 보이지 않았다.

온갖 궂은 일도 마다치 않으며 가족을 위해 희생하는 삶을 사는 게 엄마의 당연한 의무라 여겼다. 그러면서도 나는 그런 엄마를 보면서 "나는 엄마처럼 살지 않을 거야!"라는 말을 거침없이 해왔다. 지금 생각해보면 정말 이기적인 철부지였던 것이다. 분명 엄마에게도 꿈이 있었을 텐데 말이다.

돌이켜 생각해 보면 엄마는 당신의 꿈을 가족을 위해 기꺼이 당신 삶과 맞바꾼 것이다. 그렇기에 안타까운 마음이 들고 왠지 모를 죄

책감과 미안함에 가슴 한구석이 무거워짐을 느낀다. 비단 나뿐만 아니다. 이 시대를 살아가는 여성들이라면 대부분 각자의 엄마에게 갖는 공통된 생각이다.

황정민, 엄정화 주연의 〈댄싱 퀸〉이라는 영화를 본 적이 있다. 단순히 코믹영화일 거로 생각하고 웃을 준비만 하고 갔던 나는 뜻밖의 내용에 뜨거운 눈물을 흘리고 나와야만 했던 기억이 있다.

어릴 적 꿈이 댄스가수였던 그녀는 가난한 변호사 남편 뒷바라지를 위해 자신의 꿈을 접고 에어로빅 강사로 생업에 뛰어들며 남편과 딸을 위해 꿈을 포기하며 살게 된다. 어느 날 그런 자신의 모습을 들여다본 그녀는 결혼, 육아, 가정을 보살피느라 10년 동안 접어 두었던 자신의 '댄싱가수'의 꿈을 다시 한 번 꾸며 도전하게 된다. 그 과정에서 남편과 서로의 꿈을 두고 갈등하며 말다툼하는 장면은 아직도 잊을 수 없다.

"함부로 말하지 마!
당신한테는 아무것도 아니겠지만, 나한테는 소중한 꿈이야.
애 키우고 당신 뒷바라지하느라고 내 가슴속에 묻어놓았던 내 소중한 꿈이라고.
연우가 뭐라는 줄 알아?
나처럼 살고 싶지 않대.
당신 우리 연우가 평생 아무런 꿈도 희망도 없이 한 남자 뒷바라지만 하면서 살았으면 좋겠어?"

<댄싱 퀸>은 감동적이면서도 내 삶을 다시 한 번 생각하게 해주는 영화였다. 어릴 적 가졌던 엄마처럼 살지 않겠다던 내 생각과 지금 현재의 나의 모습 그리고 내 딸이 나에게 갖게 될 생각까지…. 여러 가지 생각이 복합적으로 뒤엉키면서 내 머릿속은 순간 복잡해질 수밖에 없었다.

과연 나는 나의 길을 제대로 잘 가고 있는 것인가, 나는 그렇게 되지 않을 거라 다짐을 해놓고 결국은 그들과 같은 모습으로 살고 있지는 않은가. 가슴 먹먹하면서도 엄마라는 자리가 그렇게 호락호락하지만은 않다는 것을 다시 한 번 가슴 속 깊게 느끼게 해 주었다.

그리고 결코 긴장의 끈을 풀지 말고 꿈이 있고 목표가 있는 당당하고 멋진 엄마로 살아야 하겠다는 생각을 다시 한 번 하며 느슨해져 있던 마음을 다잡게 되는 계기가 되었다.


극 중 엄정화가 현실과 꿈 사이에서 고민하고 있을 때 그녀의 친구는 이런 말을 한다.



엄마들의 평소 생활을 그대로 반영한 말이다. 공감하면서도 안타깝기 이를 데 없는 우리 보통 엄마들의 삶이다. 단편적이지만, 당신의 딸들도 이런 엄마를 보면서 분명 똑같은 말을 할 것이다.



자기 자신을 위해 아무것도 하지 않으려 하는 엄마들은 대부분 남편이나 자식에 대한 기대치가 누구보다도 크다. 왜냐하면, 자신의 삶을 온통 남편과 자식에게 쏟아 부었다는 생각에 그 대가를 자식과 남편에게서 찾으려 하기 때문이다. 아마도 보상심리 때문이 아닌가 싶다.

부모는 자식의 거울이라는 말이 있다. 당신의 지금 모습은 자식들에게 그대로 보이게 되고 그대로 따라 하게 된다. 미래의 당신 자식의 모습은 바로 엄마인 당신에게서 나타날 수도 있다는 것이다.

"당신 딸이 어떠한 삶을 살기 원하는가, 그 해답은 바로 당신 자신에게서 찾으면 된다."

# 망설임이 길어질수록 꿈은 멀어진다

"언니, 저도 꿈이 생겼어요.
그리고 그 꿈을 꼭 이루고 싶어요."

"그래? 꿈이 뭔데?"

"자격증 취득해서 어린이집에서 일해보고 싶어요. 그리고 5년 후에는 직접 어린이집 운영도 해보고요."

"잘됐네. 꿈이 있으면 바로 도전하면 되지. 요즘 꿈조차 없는 사람들이 얼마나 많은데, 자긴 그래도 꿈을 찾았으니 얼마나 다행이야!"

"그렇죠. 그렇긴 한데 제가 잘할 수 있을까요?"

063

"당연히 할 수 있지, 망설이지 말고 바로 시작해봐"

"글쎄요. 아직 아이도 어리고, 생활비도 빠듯해서…"

"무슨 소리야, 아이는 어린이집 보내면 되고, 생활비야 당장은 어렵
더라도 미래를 위해 투자한다고 생각해야지. 아이 자라기 바라고 생
활비 넉넉해지기 기다렸다가는 아무것도 할 수 없어. 설령 그때가
되었다 해도 또 다른 문제로 고민하게 될 거야!"


S는 나에게 자신의 포부를 밝히며 꿈을 이루어 보고 싶다고 했다.
그러나 이런저런 망설임으로 지금까지 시작조차 하지 못하고 있다.
반면 같은 시기에 같은 고민을 했다던 S의 친구는 해당 관련 공부를
끝냈고 자격증도 취득해서 어린이집에 취직까지 했다고 한다.

"언니 저도 그때 바로 시작할 걸 그랬나 봐요. 제 친구는 벌써 어린
이집 취직해서 출근하고 있더라고요. 아이도 이제는 어린이집 보내
고, 혼자 집에 있으려니까 좀 그래요. 괜히 남편 눈치도 보이고."

"지금도 늦지 않았으니까 시작해봐!"

"그러게요. 그런데 보육교사가 전망이 어떨지도 확신이 안 서고, 또
막상 시작하려니까 좀 두려워요."

"……."


S는 아직도 망설이고 있다. 안타까운 것은 직접 자신의 친구를 통
해 보고 느낀 바가 있음에도 또 다른 고민거리로 망설이고 있다는

것이다. 자신에게 꿈이 없는 것도 아니고, 꿈 없이 사는 여성들에게 비하면 그녀는 그나마 시작하기 좋은 조건이라 생각한다.

그런데 S의 발목을 붙잡고 있는 것은 계속되는 망설임이다. S의 친구가 몇 년 후 어린이집 원장이 되면 그때는 또 어떤 고민거리로 제자리걸음하고 있는 자신을 원망하며 후회하고 있을지 걱정스럽다.


여러분은 그녀와 그녀의 친구 이야기를 통해 도전과 망설임의 차이가 얼마나 커다란 결과의 차이를 가져다주는지 알았을 것이다.

두 여성은 서로 같은 생각을 했지만, 한 여성은 자신의 주관대로 바로 도전해서 자신의 목적을 달성했고, 다른 여성은 몇 년째 아직 시작도 하지 못하고 있다. 그렇다고 목적을 달성한 여성이 그렇지 않은 S보다 생활환경이나 경제적 여건이 그리 좋은 것도 아니다. 그녀의 친구도 비슷한 또래의 아이가 있었고, 똑같이 직장생활 하는 월급쟁이 남편을 두고 있었다.

그러나 그녀의 친구는 확실한 결단력과 추진력으로 자신의 꿈을 위해 조금의 망설임도 없이 바로 도전했다. 그리고 자신의 꿈을 이루었다.

덕분에 그녀의 친구는 수입도 생기면서 살림에 보탬도 되고 남편에게도 떳떳한 아내가 되었다고 한다.

S는 자신이 망설이는 이유에 대해 이렇게 말한다.

S의 기준으로 생각하면 S의 친구는 이기적(利己的)인 사람이다. 그
러나 나는 그렇게 생각하지 않는다. S의 친구는 자신의 미래에 대해
서 누구보다 현실적으로 판단했다고 본다. 현재를 보느냐, 미래를
보느냐의 차이만 있을 뿐이다.

현재를 본 S는 아무것도 이룬 게 없고, 미래를 생각한 S의 친구는
꿈을 이루었다. S의 친구는 '이기적인 생각'이 아니라 '이지적(理智
的)인 생각'을 한 것이다.

나는 S의 생각이 하루라도 빨리 바뀌었으면 하고 바라본다. 그녀
는 자신이 꿈을 꾸는 게 현실적이지 못하다고 생각하지만, 그것은
지금 당장 바로 눈앞에 처한 현실만 보려 했을 뿐이다. 앞으로 자신
이 처할 상황은 판단하지 못하는 것이다.

나는 그녀에게 감성적이기보다는 이성적으로 판단하라고 말하고
싶다. 감성에 이끌리다 보면 망설이게 되고 결국은 자신에게 어떠한
발전도 가져다주지 못한다. 결국, 꿈은 점점 더 멀어져만 가고 나중
에는 그 꿈마저 희미해지게 된다.


지금 여러분 앞을 가로막고 있는 것은 무엇인가. '자식?', '남편?',
'시댁?', '시간?', '돈?' 그것도 아니면 '자신감 부족?', '두려움?',

'불분명한 결과?', '자신에 대한 불 확신?', '…?'

누구에게나 새로운 도전에 걸림돌이라 생각하는 것이 어느 것 한 가지라도 있게 마련이다. 그것이 물질적이든 정신적이든 말이다. 그러나 자신이 걸림돌이라 생각하는 것에 걸려 넘어지고 주저앉을지, 디딤돌로 딛고 일어나 당당히 걸어나갈지는 자신이 판단해야 한다.

망설이는 동안은 아무것도 이룰 수도 얻을 수 없다. 미흡하게라도 시작을 해야만 단 한 걸음이라도 앞서 나갈 수 있다.

**"우물쭈물하다가 내 이럴 줄 알았지."**

노벨 문학상 수상자 조지 버나드 쇼의 묘비명이다.

우물쭈물 망설이는 삶은 우리에게 후회라는 결과만 가져다줄 뿐이다. 후회 없는 삶을 살기 원한다면 더는 머뭇거리지 마라. 그리고 꿈이 있다면 바로 시작하라. 이것저것 따지고, 핑곗거리를 찾다 보면 평생 우물쭈물 대는 삶만 살게 된다.

*당신 앞에는 어떠한 장애물도 없다.*
*망설이는 태도가 큰 장애물이다.*
*결심을 가지면 드디어 길이 열리고*
*현실은 새로운 국면으로 접어든다.*

_러셀

　세상에서 자신에게 할 수 있는 가장 가혹한 일은 자신을 그냥 내버려 두는 일이다. 언제까지 자신의 꿈과 재능을 모른척하며 남편의 그늘에서 자식들만 바라보며 살 수는 없다. 자신을 찾아야 한다. 그리고 더는 다른 사람의 들러리가 아닌 내 인생의 주인공으로 살아야 한다.

나는 무엇을 좋아했었는가?

나에게 어떠한 재능이 있는가?

내가 잘할 수 있는 일이 무엇인가?

하고 싶은 일, 해보고 싶었던 일은 무엇인가?

　자신이 무엇을 하고 싶어 하는지, 꿈이 무엇인지, 앞으로 어떻게 살 것인지에 대한 명확한 계획이 서지 않았다면, 어느 것이라도 좋다. 우선 자신을 찾는 일부터 시작하라. 자신의 내면을 꼼꼼히 살피고, 자신이 진정으로 하고 싶은 일, 생각만 해도 가슴 뛰고 설레는 일을 찾아라.

　그리고 그것을 어떻게 실천해 나갈 것인지를 바로 구상하고 계획해야 한다. 거기까지는 누구나 어렵지 않게 할 수 있는 일이다. 그러나 그 다음부터가 사람들의 성공과 실패를 가르는 중요한 포인트가 된다.

　바로 실행력이다. 아무리 좋은 구상을 하고 계획을 세워 놓았다고 해도 그것을 실행에 옮기지 않으면 어떠한 결과물도 얻을 수 없다.

자신이 결과물을 반드시 얻고자 한다면 조금의 망설임도 갖지 말고 그것을 매일 조금씩 이루어 나가면 된다. 이런저런 생각과 고민으로 망설이게 된다면 당신은 평생 끌려다니는 삶만 살게 된다.

아직도 주저하고 있는가?

지나친 망설임으로 자신의 꿈을 마냥 미루고만 있을 것인지, 과감한 결단력으로 자신의 꿈을 하루라도 빨리 앞당길 것인지는 바로 자신에게 달려있음을 기억하라.

# Part 02

## 꿈이 있는 여자가 아름답다

# 평범함을 특별함으로
# 만드는 '딴짓'

예전의 나는 가끔 삶이 무료해지거나 재미를 느끼지 못할 때면 우울감이 생기곤 했다.

"사는 게 재미가 없어!"
"내 삶은 특별한 것도 하나 없이 너무 평범해!"

그러면 주변에서도 맞장구를 치며 "우리는 언제까지 이러고 살아야 하는 걸까?"하며 애꿎은 '남편 탓', '자식 탓'을 했다.

그러나 이제는 내가 그런 소리를 하면 주위에서 야유를 보낸다.



결혼과 함께 멈추는 여자, **결혼과 함께 성장하는 여자**

"복에 겨운 소리 하고 있네!"
"나도 그런 행복한 고민 한번 해봤으면 좋겠다!"
"든든한 남편과 자기일 스스로 하는 자식들까지 있겠다, 하고 싶은
일 마음껏 하면서 도대체 뭐가 불만인 거야?"

그들과 나는 별다를 게 없는 대한민국의 평범한 기혼 여성이다. 그
러나 그들이 나에게 그런 소리를 하는 데에는 그만한 이유가 있다.

4년 전부터 나는 내 삶에 특별함을 선물하기 시작했다. 흔히 말하
는 자기계발을 적극적으로 시작한 것이다. 평소 내가 하고 싶었던 취
미생활과 배우고 싶었던 공부를 틈틈이 하고 있던 나는 미래의 나 자
신을 위해 남들은 하지 못하는, 아니 안 하는 딴짓에 과감하게 도전
했다. 주변에서는 이런 나에게 워킹맘으로 살기에도 바쁘고 힘들 텐
데 왜 '딴짓'이냐며 질투 섞인 어조로 부러움을 표시하기도 한다.

우리 아내들은 오늘도 어김없이 이른 새벽부터 하루 준비에 여념이
없다. 아내들은 남편과 자식들을 각자의 위치에 보내놓고 아내들 또
한, 직장 또는 가사를 위한 자신의 영역에서 쉼 없이 고군분투한다.
그리고 오종일 각자의 삶을 살고 돌아온 남편과 자식을 위해 자신의
피곤함도 뒤로 한 채 그들을 위한 아내와 엄마의 역할이 계속된다.

그렇게 새벽에 눈을 떠 잠자리에 들기까지 자신이 한 일이라고는
오롯이 가족을 위한 일뿐이다. 매일 똑같은 일상만 반복하다 보니
삶에 낙이 없는 것은 어쩌면 당연한 일인지도 모른다.

기혼 여성들은 토로한다.

"딴짓을 하고 싶은 마음은 누구보다도 크다. 하지만 정신적, 물질적
여유가 절대적으로 부족하다."
"남들처럼 평범하게 사는 것도 쉬운 일이 아니다."
"남들에게 뒤처지지 않고만 살아도 잘 사는 것이다."

그러나 나는 말하고 싶다.

"기왕이면 안주하는 삶을 소원하기보다는 도전적이고 발전적인 삶
을 소원하라."

각박한 생활 속에서 평범하게 사는 것 또한, 쉽지 않은 일이다. 하
지만 자신의 삶만큼은 특별한 삶을 살았으면 한다.

급변하는 시대 속에서 평범함의 기준은 수시로 변하고 바뀐다. 그
러다 보니 자연스레 기대치도 자꾸만 올라간다. 그것을 따라갈 수
없는 현실 속에서 사람들은 타인을 부러워만 하며, 자신이 작아짐을
본의 아니게 느끼게 된다.

그러나 생활 속에서 발전적인 자기계발 즉 '딴짓'을 하게 되면 남
을 부러워하던 사람에서 부러움을 받는 대상이 될 수 있다. 무엇보
다 삶에 활력을 가져다준다. 지금의 평범함 대신 자기의 삶에 그 이
상의 특별한 가치를 선물로 안겨줄 수도 있다.

"결혼 후 내 생활이 없어졌어!"
"매일 반복되는 똑같은 하루, 너무 지겨워!"
"내가 지금 뭐하고 사는 건지 나도 잘 모르겠어!"

　언제까지 자신의 처지를 비관만 하고 지낼 것인가? 자신을 위해 아무것도 하려 하지 않는 사람들은 그런 불평, 불만조차 할 자격이 없다. 결혼 후 없어진 당신의 시간을 다른 사람이 되찾아 주는 것도 아니고, 반복되는 똑같은 일상 또한, 변화시켜 줄 수도 없다. 온전히 자신만이 자기의 삶을 되찾을 수 있다.

　평범함 속에서의 딴짓은 그동안 자신이 생각하지 못했던 또 다른 세계에 대해 알게 해주고 새로운 길도 내어준다. 책 쓰기라는 나의 딴짓이 작가의 길로 안내한 것처럼 말이다. 이렇듯 딴짓은 새로운 일들에 대한 기대와 또 다른 세계에 대한 도전과 열정을 갖게 해준다. 자신을 발전시킬 수 있는 계기를 마련할 수 있다.

　최근 해외 한 누리꾼에 의해 게재된 풍자만화 〈제대로 평범하게 사는 법〉이 인터넷 포털 사이트마다 화제가 된 적이 있다.

- *사람들이 말하는 것은 될 수 있는 한 그대로 믿어주고, 권위에 도전하지 마라.*
- *대학은 남들 다 가니까 가는 것이다.*
- *1주일에 일하는 40시간 중 30시간은 땡땡이치는 거다.*
- *해외여행은 편하고 안전한 곳만 다니고, 주택은 반드시 대출로 사고 30년간 갚으면 된다.*
- *외국어를 배우려 하지 마라. 결국, 모두가 영어를 쓸 거니까.*
- *책을 써 볼까 생각만 하라.*
- *사업하는 것을 생각만 하라.*
- *남들과 똑같이 지하철 타고 출근하고, 시키는 대로 주어진 일만 하*

지금까지 우리는 너무나 정직하게 평범한 삶을 살았다. 그리고 그러한 삶을 살고자 각자의 시간과 노력도 아끼지 않았다. 언제부터인가 주위의 평범한 사람들이 자기의 기준이 되어버린 것이다.

평범한 삶을 풍자한 이 만화는 다음 메시지로 마무리된다.

**'남들이 원하는 삶을 살아야 할 의무는 없습니다.'**

성인이 되기 전 우리는 부모에 의해 또는 선생님이나 주변 사람들에 의해 반강제로 그들의 생각대로 움직이며 살았다. 그리고 성인이 된 지금도 자의 반 타의 반 남들이 정해놓은 틀 속에서 그 기준에 맞게 살아보고자 아등바등하고 있다.

남들이 원하는 삶, 남들과 다를 바 없는 삶을 산다는 것은 '나'란 주체가 없다는 말과 같다. 나만이 가진 특별함이 없기 때문이다.

당신은 언제까지 다른 사람들의 모습만 바라보며 마냥 부러워하는 삶을 살 것인가. 세상에 태어나 숨을 쉬며 사는 이상, 당신도 당신의 삶에 특별함을 안겨줄 의미 있는 '딴짓'을 시도해 보아야 하지 않겠는가?

# 아줌마는
# 아무나 되나?

“아줌마!”

“아니, 나를 언제 봤다고 다짜고짜 아줌마래?”

미혼도 아니면서 ‘아줌마’라는 소리를 들으면 왜 그렇게 화가 나는 걸까? 젊은 기혼 여성들도 ‘아줌마’라는 소리에 예민하게 반응하는 건 마찬가지인 것 같다. 그들은 그렇다 하더라도 나는 왜 그러는 걸까? 이제는 무뎌질 만도 하건만 두 명의 초등학생을 둔 학부모가 되어서도 나에게 아줌마라는 소리는 아직도 어색하고 불편하게만 들려온다.



077

아줌마가 대체 뭐기에 밖에 나가서 아줌마 소리 한 마디 들었다고 기분이 상하고 온종일 우울해지는 건지….

그것은 아마도 사회적으로 인식되는 부정적인 이미지가 가장 크기 때문이 아닐까 싶다.


대한민국에서 아줌마란,
식구들 먹다 남은 음식 아깝다며 남김없이 먹어치우는 사람.
너덜너덜해진 티셔츠에 펑퍼짐한 트레이닝 바지를 입고도 부끄러운 줄 모르는 사람.
지하철에서 빈자리를 보면 번개보다 빠른 속도로 달려와 태연하게 앉는 사람.
마트나 백화점 세일이면 슈퍼우먼보다 더 강력한 힘을 발휘하며 물건을 골라 담는 사람.
…….

이렇듯 아줌마란 이미지는 "억척스럽고 미련하며, 뻔뻔하고 무식하다." 등의 부정적인 인식이 강하다. 그러한 아줌마들에 대해 조금만 바꾸어 생각해 보면 알뜰살뜰 야무지고 부지런하며 가족에게 헌신적이고 정 많은 사람 또한, 아줌마인데 말이다.


사람들은 아줌마에 대한 부정적인 선입견을 품고 있다. 특히 운전할 때 보면 심하다는 것을 알 수 있다.

"신호 받았는데 왜 저렇게 느리게 가는 거야!"
"운전 처음 해보나?"

성질 급한 남편이 운전하면서 가끔 내뱉는 말이다. 나는 그러려니 하고 별로 신경 안 쓰는데 가끔 옆에서 듣기 화가 날 때가 있다. 앞에서 운전 제대로 못하고 답답하게 하는 운전자는 전부 아줌마 일 거라는 편견을 가지고 있는 남편 때문이다.

그러나 남편이 아줌마일거라 확신하는 운전자는 대부분 통화하며 운전 중인 남성이거나 연세 드신 어르신인 경우가 많다.

남편은 자기를 짜증나고 화나게 했던 운전자가 누구인지를 확인해야만 직성이 풀리는 성격이다. 그래서 굳이 옆을 지나가면서 반드시 확인한다. 그리고 자신이 아줌마일 거라 확신한 사람이 아줌마가 아니면 "아줌마는 아니네?" 하며 피식 웃어넘긴다.

가끔 그런 남편을 보면서 씁쓸한 기분이 들 때가 있다. 아줌마에 대한 부정적인 인식이 있는 사람이 비단 남편뿐만이 아닐 텐데 하는 생각 때문이다.

알다시피 우리 여자들도 비슷한 생각을 가지고 있다. 아이들과 백화점에라도 가게 되면 반겨주는 곳이라고는 아동복 코너밖에 없다. 어쩌다가 여성복이나 화장품코너, 액세서리코너 등을 기웃거리면 점원들은 귀찮다는 듯 건성으로 대하거나 아예 관심도 가져주지 않

는다. 그들 생각에는 '아이들 데리고 아이쇼핑이나 하러 나온 아줌마' 정도로밖에 안 보이는 것이다. 자기네들도 같은 아줌마이거나 언젠가는 아줌마가 될 사람들인데 말이다.

대체 언제까지 아줌마라는 존재가 이렇게 무시당하고 홀대받으며 편견 속에서 살아야 하는지는 모르겠다. 하지만 최소한 같은 여자들끼리는 아줌마라는 존재를 서로 이해하고 위로해주어야 한다.

우리가 흔히 편견으로 불러대는 아줌마는 한 가정의 엄마라는 존재들이다. 바로 우리인 것이다.

우리는 결혼 전 그림 같은 집에서 고급 외제차를 몰며 우아하고 낭만적인 결혼생활을 하게 되리라 꿈꾸던 때가 있었다. 그리고 우리의 아이들 또한, 넓은 정원에서 자유롭게 뛰어놀고 좋은 옷을 입히고 맛있는 음식만 먹이며 여유롭게 살게 하리라는 상상에 빠져 행복했었다. 나이는 들어도 언제까지나 소녀 같은 감성과 아름다운 몸매를 과시하며 젊고 예쁘게 살리라는 야심 찬 꿈을 꾸었던 때가 있었단 말이다.

그러나 우리는 눈에 콩깍지가 씌었었다. 기왕 이렇게 된 거 부부가 될 수밖에 없는 운명이라고 해 두자. 우리는 그 운명의 남자를 만나 결혼을 했고 출산의 과정을 거쳐 자식까지 낳았다. 그리고 지금까지 남편과 아이들 뒷바라지에 우리들의 온 에너지를 쏟아 부으며 살고 있다. 그렇게 일상에 얽매이고 생각하지 못했던 여러 가지 생활고에 시달리면서 어느새 자신도 모르게 변해버린 것이다.

자식이 없는 기혼여성은 아무래도 자기만의 시간이 많다. 그래서 마음만 먹으면 시간을 여유롭게 활용하며 자기관리도 할 수 있고 자기계발도 얼마든지 자유롭게 할 수 있다. 그에 비해 엄마라는 이름을 가진 우리는 그럴만한 시간적 여유가 부족한 게 사실이다. 단지 엄마라는 이유 하나만으로 내가 하고 싶은 것, 보고 싶은 것, 먹고 싶은 것, 입고 싶은 것들을 오롯이 남편과 자식에게 희생하고 양보하며 산다. 우리의 엄마들이 그랬던 것처럼 말이다.

비록 몸과 마음은 예전 같지 않지만, 그래도 아이를 키우면서 철이 들고 또 다른 인생을 배워나가며 우리는 매일 성숙해져 가고 있다.

그렇게 엄마라는 존재는 가정 안에서 기쁨과 행복을 느끼며 즐거움과 희망을 찾으려 한다. 남편 잘되고 자식 잘 크는 것을 가장 큰 위안으로 삼으며 그 안에서 의미를 찾고자 하는 것이다. 나는 그런 엄마들을 보면 같은 엄마로서 대견스럽고 자랑스러우면서도 한편으로는 안쓰럽고 애처롭기도 하다.

어느 인터넷 사이트에 올라와 있는 아줌마의 조건을 들여다보면 "아줌마가 되기 위해서는 슈퍼우먼처럼 힘이 있어야 하고, 퀴리 부인처럼 똑똑하고 현명해야 하며, 마더 테레사처럼 따스한 마음을 가져야 한다."라고 되어 있다. 나는 그것을 보고는 누가 지었는지 몰라도 정말 꼭 맞는 말인 것 같아 감탄사가 절로 나왔다.

아줌마는 분명 아무나 되는 게 아니다. 결혼 전에는 들지도 못했던 물건을 엄마가 되어서는 번쩍 들어 올리고, 벌레를 보면 기겁을 하며 도망 다니던 때와는 달리 벌레를 놓칠세라 순식간에 때려잡는다. 학교 다닐 때에는 하기 싫어했던 공부도 자식을 위해서는 자발적으로 먼저 한다. 나밖에 모르던 이기적인 모습에서 남편의 친구와 아이의 친구들까지 세심하게 기억하고 챙기며 인기관리까지…. 엄마라는 사명감이 없으면 절대 할 수 없는 일들이다.

여러분은 아줌마이다. 그러기에 현명하고 똑똑하며 타인의 마음을 동하게 하는 능력도 갖추고 있다. 기왕 아줌마가 된 이상 여러분은 보편적인 사람이 갖는 게으르고 무식한 부정적인 이미지보다는, 진취적이고 적극적인 긍정적 이미지의 아줌마가 되어야 한다.

그리고 긍정적 이미지로 자신의 드림 에너지도 키우며, 한발 더 나아가 누군가의 가능성이 되는 영향력 있고 매력 넘치는 아줌마가 되어보라.

# 내 인생의
# 터닝 포인트

어떤 일이나 상황을 다른 방향으로 새롭게 바꾸어 나가는 계기가 되는 점. 이것을 우리는 '전환점'이라고 한다. 요즘은 같은 뜻으로 '터닝 포인트'라는 말이 더욱 익숙하다.

인간이라면 누구에게나 터닝 포인트가 찾아온다. 그 터닝 포인트를 제대로 인식하고 움직이는 사람은 원하는 것을 이룰 수 있다. 더불어 '성공'이라는 열매도 수확할 수 있게 된다.

사람마다 인생의 터닝 포인트는 서로 다르게 찾아온다. 그것은 각

083

자의 상황에 따라 긍정적인 사건이 계기가 될 수도 있고 부정적인 사건이 계기가 될 수도 있다. 그러나 그마저도 인식하지 못하는 사람이라면 인생의 터닝 포인트는 영영 찾아오지 않을 수도 있다.

성공한 사람들의 공통점을 들여다보면 인생에 터닝 포인트를 인식하고 그것을 계기로 적극적인 움직임을 보였다는 사실이다. 위기를 위기로만 받아들이지 않고 오히려 터닝 포인트가 되어 새로운 방향의 삶을 사는 사람들 또한, 인생의 전환점을 제대로 활용한 사람들이다.

미국 경영학계의 살아있는 전설이자 하버드 경영대학원 최고의 교수인 하워드 스티븐슨은 자신의 저서 『하워드의 선물』에서 '전환점'에 대해 말한다.

"전환점이란, 살짝 변화만 주는 그런 차원이 아닌 지금까지 달려오던 것과는 전혀 다른 쪽으로 완전히 방향을 틀어야 할 지점이다. 작고 보잘것없는 씨앗 속에 사과나무가 될 잠재력이 들어있듯 전환점에는 우리의 숨은 능력을 이끌어 낼 수 있는 엄청난 잠재적 동기부여 에너지가 들어있다."

그는 전환점을 적극적으로 활용하는 사람에게는 마법과도 같은 선물이지만 그것을 깨닫지 못하고 그냥 지나쳐버리는 사람에게는 아무런 소용이 없다고 말한다.

살면서 우리는 대다수의 사람이 정해놓은 삶의 방향대로 의식적이든 무의식적이든 그대로 따라가는 경향이 있다. 남들이 정해놓은 나침판대로 아무런 의심도 없이 움직이는 것이다. 자연스럽게 자신이 가졌던 계획과는 거리가 먼 타인이 원하는 삶을 살게 된다. 자신이 계획한 멋진 삶과 이루고자 하는 꿈은 온데간데없이 말이다.

하워드 교수는 사람들이 알아채지 못하고 지나칠 뿐 세상 구석구석에는 전환점이라는 의미 있는 지표가 숨겨져 있다고 말한다.

그의 말처럼 사람들은 의식하지 않으면 자신이 전환점에 서 있다는 사실을 알아채지 못한다. 설령 그것을 알아챈다 하더라도 변화에 대한 두려움 때문에 현재의 삶을 쉽게 바꾸려 하지 않는다. 결국, 지금처럼 남들이 정해놓은 기준대로 살 수밖에 없다.

전환점은 누구에게나 찾아온다. 어느 특정한 사람에게만 찾아오는 게 절대 아니다. 단지 전환점을 어떻게 인식하고 행동하느냐에 따라 특별한 사람이 될 수도 있고 아닐 수도 있다.

사실 전환점을 우리에게 ‘찾아오는 것’으로 표현했지만 우리가 ‘만드는 것’이라고 말하고 싶다.

전환점이 찾아오더라도 그것을 인식하지 못하면 소용이 없다. 그러나 어느 한 순간을 의식적으로 전환점이라 여기면 새로운 방향으로 나아갈 수 있다. 의도적으로 전환점을 만들어 나가는 것이다. 찾아와도 알아채지 못하는 전환점을 마냥 기다리는 것은 어리석은 일이다. 현명한 사람이 되려면 직접 찾아내고 만들어야 한다. 그리고 남들이 가리키는 나침판 대신 나만의 나침판대로 방향을 바꾸어 나가야 한다. 그래야만 남들과 같은 그저 그런 평범한 사람에서 자신을 한 단계 성장시킬 수 있다.

우리는 인생을 살면서 수많은 일에 부딪히고 매번 새로운 경험을 하게 된다. 그것이 살맛 나게 하는 좋은 일일 수도 있고, 해결하기 힘들거나 생각하고 싶지 않은 나쁜 일일 수도 있다. 그러나 자신에게 일어나는 일들에 의미를 어떻게 부여하느냐에 따라 차이는 확연히 달라진다. 그것은 인생에 스쳐 지나가는 한낱 사건 사고에 불과할 수도 있고, 인생에 변화를 가져다주는 터닝 포인트가 될 수도 있다.

그룹 '틴틴 파이브'의 멤버였던 개그맨 이동우는 몇 해 전 망막색소변성증이라는 병을 앓고 있다는 사실이 알려져 많은 사람을 안타깝게 했던 기억이 있다. 망막색소변성증은 시력을 잃어가는 난치병이다. 그는 2004년 결혼 후 3개월 만에 망막색소변성증이라는 진단을 받았고, 2010년 실명 판정을 받았다.

시각장애인이 되어 부인이나 동료들의 안내를 받아 나오는 TV 속 이동우를 보면서 사실 나는 '저 사람도 이제 연기생명은 끝이 났구나!' 하는 얕은 생각을 했던 기억이 있다. 하지만 내 편협한 생각과는 달리 그는 라디오 DJ, 연극배우로 재기에 성공했고 희망의 메시지를 담은 강연도 열심히 하고 있다.

이동우는 얼마 전 '오픈 유어 아이즈'에 주인공으로 연극무대에 섰다. 그는 본격적으로 연극무대에 뛰어들게 된 계기를 레이디 경향 이연우 기자와의 인터뷰에서 다음과 같이 말했다.

> "연극에 집중해야겠다고 결심한 터닝 포인트는 '실명'이예요. 물론 실명은 연극뿐 아니라 제 삶의 모든 터닝 포인트이기도 하지만요. 언젠가 앞을 볼 수 없게 된다는 판정을 받고 나니 얼른 연극을 해야겠다는 막연한 생각을 했어요. '하지만 어떻게?' 막막했죠. 중도 장애인이 되면 누구나 그렇겠지만 늘 모든 것이 막연해요. 그런데 뭔가 간절하게 생각하면 그것이 말이 되고, 말을 하다 보면 행동이 되고, 그 행동이 습관이 되다 보면 일상이 된다고 하잖아요."

사람들은 자신에게 그런 불행이 찾아오면 "왜 하필 나에게?"라는 원망을 하게 된다. 또한, 세상을 온통 부정적으로 바라보게 되고, 정도가 심하면 "이렇게 살아서 뭐해?"하며 극단적인 생각을 하기도 한다.

이동우 역시 처음 자신에게 그런 병이 찾아 왔을 때에는 매일 술에 취해 살았다. 시비 걸고 소리 지르고 물건을 집어 던지는 등 난폭한 행동도 일삼았다. 집에 혼자 있을 때는 죽을 결심으로 베란다를 서성이기도 했다고 한다. 그러나 그는 차츰 자신의 고통을 받아들임으로써 제2의 인생을 시작하게 됐다.

만약 그가 자신의 병을 인생에 걸림돌로 여기고 아무것도 하지 않으려 했다면 아마도 지금쯤 사람들 기억 속에서 잊혀졌을 것이다. 어쩌면 그의 극단적인 생각과 행동으로 이미 이 세상에 존재하지 않는 사람이 되었을지도 모른다.

그러나 그는 자신에게 찾아온 '실명'을 인생의 터닝 포인트로 여겼다. 자신의 병이 평생 걸림돌이 될 뻔했던 것을 오히려 디딤돌로 딛고 일어선 것이다.

나는 열심히 사는 그를 보며 예전에 그에게 가졌던 부끄러운 생각 대신 이제는 이런 말을 하고 싶다.

> "당신은 비록 세상의 빛을 볼 수 있는 눈을 잃었지만, 인생의 전환점을 찾지 못하고 헤매이는 세상 사람들의 눈을 뜨게 하였습니다. 당신은 그들에게 빛이 되어 주었고 그렇기에 더욱 빛이 나는 사람입니다."

여러분에게는 분명 지금까지 살면서 여러 번의 터닝 포인트가 있었다. 그리고 그중에는 기회를 잡은 사람도 있고, 흘려보낸 사람도 있다. 그것을 확실하게 잡은 사람은 터닝 포인트 전과 후의 차이를 직접 경험을 통해서 알 수 있다. 그러나 두려움 때문에 흘려보낸 사람은 '아, 그때 내가 기회를 잡았으면 지금과는 다른 삶을 살고 있었을 텐데…' 하는 막연한 추측만 하게 된다. 마치 선물을 받아 포장도 뜯어보지 않고 "상자 안에는 분명 좋은 물건이 들어 있을 거야!" 하는 것과 같다.

대부분 사람들은 상자 속 자신의 화려하고 멋진 모습을 감춰 둔 채 자신의 겉모습만 보여주며 살아간다. 그러나 이제는 그것을 드러내며 살아야 할 필요가 있다. 그러기 위해서는 인생의 전환점을 의도적으로 만들어야 한다.

"지금 당신은 당신에게 전환점이 될 만한 특별한 일 하나 없이 너무 평범하다고 말하고 싶은가? 그렇다면 더욱더 전환점을 만들어라. 어쩌면 그 평범함이 당신의 전환점이 되어 줄 수도 있다."

# 미치려면
# 제대로 미쳐라

사는 동안 사람은 수없이 많은 꿈을 꾸며 산다. 그러나 안타깝게도 그 꿈을 이루는 사람은 소수에 불과하다.

처음에는 누구나 야심 찬 목표를 향해 구체적인 계획을 세우고 출발 선상에 서는 것까지는 대부분 무리 없이 잘한다. 그러나 목표를 향해 끝까지 달려가 골인 지점을 넘는 사람은 얼마 되지 않는다. 중도에 포기하거나 출발조차 하지 않는 사람들이 많기 때문이다.

골인 지점을 넘는 사람은 목표를 향한 집념과 열정이 강한 사람이다. 그러나 그렇지 못한 사람은 '무슨 일이 있어도 해내야겠다.'라는 강한 의지와 열정이 부족해서 '해도 그만 안 해도 그만', '달리다 힘들면 포기하면 되지.'라는 안이한 생각을 많이 하게 된다.

가수들은 주로 자신의 콘서트 무대에서 용암처럼 뜨거운 열정을 뿜어낸다. 그리고 그들은 뜨거운 그 열정으로 콘서트 현장에서 음악에 미친 듯 춤을 추고 노래를 부르며 관객들과 호응한다.

최근 세계적으로 성공 가도를 달리며 종횡무진 바쁘게 사는 가수가 있다. 바로 싸이(박재상)이다. 그는 현재 자신은 물론 대한민국을 세계에 알리며 애국자라는 칭찬까지 받는다. 자기 일에 미친 듯이 빠졌을 뿐인데 그런 영광스러운 별칭까지 얻은 것이다.

가수 싸이의 콘서트 무대는 그 어느 무대보다도 흥분되고 열정적인 것을 볼 수 있다.

"미칠 준비 됐습니까? 지치면 지는 것이고, 미치면 이기는 것입니다."

싸이는 콘서트 내내 주문을 외쳐대며 관객과 함께 미치고야 만다. 그리고 그 순간만큼은 관객들도 함께 호응하며 콘서트의 또 다른 명장면을 연출한다.

강남스타일로 세계적인 스타가 된 가수 싸이의 콘서트를 함께 하다 보면 어느 순간 나도 모르게 흥분을 넘어선 광분을 하게 된다. 평소 그를 좋아하지 않던 사람이라 할지라도, 자신의 콘서트에 사람들을 몰입시키고 빠져들게 하는 것은 바로 그의 열정 때문이다.

싸이는 현재 30대 후반 나이에 전혀 날씬하지 않은 몸매를 한 배불뚝이 아저씨다. 그런 그가 콘서트장에서 무려 두 시간여 동안 쉬지 않고 관객들과 호흡하며 엄청난 에너지를 쏟아낸다. 자기 일에 미치지 않고서는 도저히 할 수 없는 일이다.

물론 싸이는 예능인으로서 필요한 끼와 재능이 분명히 있다. 그러나 만약 그에게 끼와 재능만 있고 미치고자 하는 열정이 없었더라면 어떠했을까, 아마도 이미 예전에 반짝스타로 끝이 났거나 다른 길을 가고 있었을지도 모른다.

결국, 싸이는 자기가 하고 싶은 일에 제대로 미치면서 자신의 꿈도 이루고 엄청난 성공도 한 것이다.


미치지 않으면 미칠 수 없다는 뜻의 불광불급(不狂不及)이라는 말이 있다. 다시 말해 자신이 하고자 하는 일에 열과 성을 다하지 않으면 하고자 하는 일을 이룰 수 없다는 뜻이다.

이미 세계적으로 유명해진 피겨스케이터 김연아는 스케이트에 미쳤고, 박태환은 수영에 미쳤으며, 박지성은 축구에, 박찬호는 야구에 미쳤다. 그리고 그 열정으로 자신의 꿈을 이루었다.

열정 없이는 성과도 없다. 즉 자신이 이루고자 하는 것을 반드시 얻고자 한다면 그것에 미쳐야 한다. 그것도 아주 열정적으로 말이다.

그동안 나는 남들처럼 직장생활 하고 살림하며 아이들 키우고, 그 생활에 크게 문제가 없으면 그것에 감사하며 살았다. 그리고 그것이 잘사는 삶이라 생각했었다. 남들처럼 최소한의 안정과 평범한 생활을 꿈꾸어 왔던 것이다.

내조 잘해서 남편 승진 시키는 일, 아이들 좋은 환경에서 남부럽지 않게 뒷바라지하는 일, 한푼 두푼 모아 내 집 마련하는 일…. 서로 같은 꿈을 꾸고 같은 목표를 향해 전력질주 하는 모습은 어느 가정이나 비슷하다. 실제로 그것을 목표로 인생을 사는 사람들도 주변엔 뜻밖에 많다.

그러나 나는 남들이 소망하는 똑같은 조건과 똑같은 목표를 향해서 내 인생을 소비해야 한다는데 의의를 갖게 되었다. 그래서 세상 밖을 다시 보기 시작했고, 그러면서 '내가 너무 안일한 생각을 하며 살았구나!' 하는 것을 깨닫게 되었다.


최근 몇 년간 나는 내 꿈을 위해 미쳐 지내고 있다. 남들 눈에는 물론이고 내가 봐도 나는 정말 미쳐있다.

보통 워킹맘은 퇴근하고 집에 돌아오면 제2의 집안일이 시작된다. 퇴근 후 집에 돌아와 부랴부랴 세탁기에 빨래를 돌려놓고 저녁 준비를 시작으로 먹은 그릇 치우고 간단한 청소와 아이들을 챙기고 나면 어느새 저녁 열 시가 훌쩍 넘는다.

그렇게 온몸에 기운이 빠진 채로 침대에 누워 TV 시청을 하다가

자신도 모르게 잠들어 버리는 일이 대부분이다.

나도 불과 얼마 전까지만 해도 실제 그러한 생활을 했었다. 그러나 내 몸에 찾아온 병을 계기로 지나온 삶을 되돌아보게 되었고, 그때부터 본격적으로 내 삶에 변화를 주기 위해 노력했다. 내가 하고 싶은 일을 찾기 시작했고 내가 꿈꾸어왔던 것들을 찾아내기 시작했다. 그리고 그것을 이루기 위해 행동하기 시작했다. 그랬더니 나의 뇌가 반응하기 시작했고 내 몸속에 있는 수많은 세포가 따라 움직이기 시작했다.

직장인들에게 주말은 쌓인 피로와 스트레스를 풀 수 있는 황금 같은 시간이다. 그러나 그 황금 같은 주말에 나는 배움의 길을 나섰다. 그리고 평일에는 제2의 집안일이 끝난 저녁 열 시부터 새벽 두 시까지 오롯이 꿈을 위해 시간을 투자했다.

한때 잠시라도 틈만 나면 잠을 청했던 나에게 남편은 '잠순이'라는 별명을 지어줄 정도로 잠이 많았다. 그랬던 내가 그러한 행동을 하고 있으니 신랑이 보기에 '이 여자가 왜 이러나?, 정말 제대로 빠졌군!'이라는 생각을 했을 게 뻔했다.

그랬다. 나는 분명 미쳐 있었다. 주말에는 교육을 받기 위해 서울을 오갔고, 평일에는 꿈을 이루기 위해 밤샘 공부를 해가며 시간 가는 줄 모르게 빠져 있었으니 말이다.

이렇듯 열정은 나에게 꿈 너머 또 다른 꿈을 꾸게 해주었다. 자기 계발 하겠다며 배움의 길로 들어섰을 때에는 힘들지도 걱정되지도 아깝지도 않았다. 오히려 나의 1년 후, 3년 후, 5년 후의 모습이 어떻게 변할지 기대되고 설레었다.

우리 아내들은 우물 안에 갇힌 개구리처럼 그것이 삶의 전부인 듯, 그것만 이루면 더는 이룰 게 없는 듯, 우물 밖의 세상은 보려 하지도 않는다. 늘 우물 안에서 같은 생활만 반복하며 매일 같은 생각으로만 사는 것이다. 그러다 보니 인생에 특별한 일도, 가슴 뛰는 일도 생기지 않을뿐더러 오히려 우울함과 권태로움만 찾아온다.

그러나 더욱 안타까운 것은, 그러한 삶을 살아야 한다고 누가 시키지도 않았고 강요한 사람도 없다는 것이다. 본인 스스로 자처한 삶이다. 나 또한, 내가 만들어 놓은 우물 안에서 나 스스로 갇혀 지내며 그 안에서의 삶이 최고의 삶이라 여겼다. 아니 어쩌면 우물 밖의 세상은 보려 하지 않았다고 하는 게 맞을지도 모른다. 우물 밖 세상으로 나갈 자신도 도전할 용기도 없었으니까 말이다. 그러나 이제는 아니다. 나는 우물 밖의 세상을 보기 시작했고 그 세상에서 무엇을 하며 살아야 하는지도 깨달았다.

이처럼 당신도 지금까지의 삶은 잊어버리고 이제는 우물 밖의 삶을 하루빨리 시작해야 함을 깨달아야 한다. 내가 아닌 다른 사람들은 이미 우물 밖으로 나와 자신의 꿈을 이루기 위해 쉬지 않고 달리고 있기 때문이다.

지금 당신이 여유, 걱정, 망설임 등으로 시간을 보내고 있을 때 다른 사람들은 미래를 설계하고 있다. 어쩌면 그들은 벌써 설레임, 기대, 열정을 가슴에 품고 자신의 꿈을 차근차근 이루어 나가는 중인지도 모른다.

그렇다고 자책하거나 자신을 재촉하며 조급해할 필요는 없다. 지금부터 시작해도 절대 늦지 않았으니 말이다. 미칠 준비만 되어 있으면 된다.

"당신은 진정 미칠 준비가 되어있는가? 그렇다면 앞으로 자신이 하고자 하는 일에 제대로 미쳐보기 바란다."

# 다시 태어나라.
# 슈퍼우먼에서 드림 워커로

기혼 여성들은 자신을 돌볼 겨를도 없이 가족을 위해 바쁜 하루를 보내며 살아간다. 그 삶을 들여다보면 바쁘지 않을 수가 없다. 아침부터 저녁 잠자리에 들기까지 직장, 육아, 가사에 남편 뒷바라지까지 정말 온종일 분주한 시간을 보낸다.

어쩔 수 없이 기혼 여성들은 여자, 아내, 엄마, 딸, 며느리 등 수많은 타이틀을 등에 지고 그 이름에 맞는 역할을 감당해 내느라 슈퍼우먼이 될 수밖에 없다.

097

안타깝지만 이러한 문제는 자신을 종합세트 인생으로 몰아가고 있는 것과 같다. 우리가 알다시피 종합세트는 여러 가지의 물건을 모아서 하나의 상품으로 만든 것이다. 만약 만들고자 하는 종합세트에서 한 가지라도 빠지면 종합세트로서의 상품 값어치는 떨어지기 마련이다.

이렇듯 기혼 여성들은 아내, 엄마, 며느리, 딸 등의 역할을 함에 있어서 어느 것 하나 소홀함이 없어야만 비로소 인간 '아무개'로서의 가치를 인정받는다고 생각한다. 그러다 보니 점점 슈퍼우먼이 되어가는 것이다.

이런 말을 하면 요즘 기혼 남성들도 질세라 하는 소리가 있다. 자기들은 '슈퍼맨'이라는 것이다. 여성들의 논리대로라면 남성들도 한 가정의 남편, 아빠, 사위, 아들로서의 타이틀을 갖기 때문이라고 한다. 그래 맞다. 분명 그들의 말도 틀린 소리는 아니다.

그러나 그들은 타이틀만 갖고 있을 뿐 그 역할을 함에서는 분명 소홀함이 있다. 그러면서도 그들은 경제적인 책임을 진다는 이유 하나만으로 아주 당당하게 큰소리를 낸다.

사실 직장생활 해서 벌어오는 돈과 가사 노동력을 돈으로 환산해 따지면 여성들도 당당하지 못할 이유가 없다. 그럼에도 생색내지 않고 남편, 자식, 시부모에게 갖은 잔소리와 무시, 서러움을 참고 견뎌내는 것은 가정의 화목을 위해서이다.

한 사람이 여러 가지의 일을 해낸다는 것, 그 자체만으로도 대한
민국 아내들은 존경스럽고 존경받아야 마땅한 존재이다. 그러나 그
렇지 못한 것이 현실이다.

아내, 엄마, 며느리, 딸로서 당연히 해야 하는 일이고 그 역할에
소홀함이 있으면 오히려 핀잔 거리가 된다. 그러면 또 한없이 자신
을 책망하고, 자책하며 감정이 우울모드로 변한다. 게다가 더 비극
적인 것은 내 삶의 주인공인 '나'는 정작 없다는 것이다. 그야말로
아내들은 '슈퍼우먼' 속 '슬퍼 우먼'이 되는 셈이다.

"이게 뭐야!"
"내가 이러려고 결혼했나? 아무리 생각해도 이건 아닌데……."

슈퍼우먼의 삶은 힘들고 고달프다. 가족들은 오늘도 당신이 슈퍼
우먼이기라도 한 듯 모든 것을 당신에게만 의지하고 자신의 일을 도
와주거나, 대신 해결해주길 바란다. 그러나 당신은 결코 슈퍼우먼이
아니다. 나 아니면 절대 안 된다는 생각은 버려야 한다.

미안하지만, 가족들은 당신 아니어도 얼마든지 가능하다. 모든 것
을 완벽하게 또는 어느 것 하나 빠짐없이 전부 해야만 한다는 강박
관념은 자신을 스스로 힘들게 만들 뿐이다.

슈퍼우먼이 되려고 애쓰지 마라. 그것은 가족을 위한 조력자일 뿐
결코 당신 삶에 주체가 될 수는 없다. 가정의 실리, 가족의 행복도
좋지만 '나 자신'을 먼저 챙기고 아껴주어야 한다.

그러한 생각과 행동이 당장은 이기적인 아내와 엄마로 비칠 수도

있다. 그러나 남편과 자식들이 언제까지나 당신을 필요로 할 것이라 생각하는가? 발전 없이 슈퍼우먼 즉, 가족의 조력자로 사는 삶만 고집하고 있다가는 분명 머지않은 미래에 남편이나 자식에게 무시나 당하고 짐이 되어 버리는 수도 있다.

대한민국 아내들은 가족의 행복과 가정의 유익함을 위해 '무조건' 배려하고 희생한다. 아내들의 그러한 마음은 이미 세계 최고 수준이다. 그러나 정작 자신을 위하거나 스스로 배려하는 마음은 전혀 그렇지 않다. 종합세트 인생을 살려다 보니 자연스럽게 그렇게 되는 것이다.

언제까지나 종합세트 인생으로만 살 수는 없다. 멋있게 명품 인생도 한 번 살아봐야 한다. 그러기 위해서는 먼저 당신의 생각을 명품 마인드로 바꿔야 한다.

명품 인생을 만들기 위해서 나는 말하고 싶다.

"드림 워커가 되어라!"

드림 워커(dream worker)란 꿈이 시키는 일을 하는 사람을 말한다. 다시 말해 꿈을 향해 달려가는 사람이다.

지금까지 당신은 남편의 꿈, 자식의 꿈만 바라보고 그들의 꿈을 위해서 노력해 왔다. 그렇기에 어쩌면 당신이 드림 워커가 되어야 한다는 말은 다소 부담스럽고 두려울 수 있다. '내가 과연 할 수 있을까?'라는 의문과 함께 자신감도 없어진다. 그러나 지금까지 당신이 했던 가족에 대한 슈퍼우먼과 같은 정신력과 열정이면 드림 워커가 될 만한 자질과 능력이 충분하다.

드림 워커가 되기 위해서는 어떻게 해야 하는가? 자신의 꿈을 이루기 위한 실행과정을 계획하고 직접 움직여야 한다. 남편이나 자식의 꿈이 아닌 바로 당신의 꿈을 위해서 말이다.

알다시피 모든 과정에는 희생과 투자가 따르기 마련이다. 그중 아내들에게 가장 큰 걸림돌이 되는 것이 바로 돈과 시간이다. 이것은 드림 워커가 되느냐 그렇지 않고 종합세트 인생으로 사느냐의 가장 중요한 요소가 될 수도 있다.

가만히 앉아서 아무것도 하지 않으면서 드림 워커가 될 수는 없다. 꿈이 시키는 일을 하려면 투자를 해야 한다. 아무리 자신의 전공 분야라 해도 시대의 흐름에 맞는 콘셉을 찾기 위해서는 배워야 한다. 더욱이 새로운 분야에 도전하는 일이라면 그에 따른 노력과 투자는 더더욱 필요하다.

지금까지 당신은 가족을 돌보는 데 많은 시간을 투자하며 자신을 전부 내어주고 살았다. 그러나 이제는 드림 워커가 되기로 작정한 이상 그중 일부를 자신을 위하는 삶에 내어야 한다. 그리고 일주일에 단 2~3시간만이라도 드림 워커로서 당당히 외출할 수 있어야 한다. 그 정도의 시간도 낼 수 없다고 포기한다면 드림 워커가 될 자격이 없다.

아이가 어려서, 직장생활을 하고 있어서, 집을 비울 수가 없어서 등의 핑계는 하나 마나 한 것이다. 당신이 하루 24시간 일주일 내내 회사에서만 지내고 혼자서만 애를 돌보는 것은 분명 아니다. 평일 저녁 시간이나 주말에는 분명 남편과 함께한다. 그 시간에서 2~3시간을 남편에게 맡기고 자신을 위해 투자하는 것은 분명 어려운 일이 아니다.

돈 또한, 마찬가지다. 아내들이 무언가를 시작함에 가장 크게 영향을 받는 것이 '돈'이다. 가정살림을 맡아 하다 보니 한 달 월급으로 쓰는 곳은 뻔하다. 그러다 보니 자신에게 쓰는 것은 인색해질 수밖에 없다. 설령 큰마음 먹고 자신의 꿈을 위해 투자한다고 해도 편하지 않은 마음에 가족에 대한 미안함 마저 들기 십상이다.

"대출이자와 카드대금 갚아야 하는데…."
"그 돈이면 아이 한 달 학원비인데…."
"자동차 할부금 빠져나가야 하는데…."
"현재 수입으로는 빼듯해서 다른데 쓸 만한 여력이 없는데…."

물론 대부분 아내들이 위와 비슷한 이유로 자신의 꿈을 망설이거나 포기하게 된다. 그러나 이것은 돈이 문제가 아니라 자신의 꿈에 대한 절실함과 용기가 없어서라고 말하고 싶다. 사람이 돈을 따라다니기 시작하고 돈에 맞춰 살기 시작하면 늘 그 범위 안에서 벗어나지 못하는 인생을 살게 된다.

같은 조건과 환경에서 '눈앞에 것만 보느냐?', '미래를 내다보느냐?'의 차이에 따라 돈의 가치와 꿈의 방향은 크게 달라진다.

경제적으로 여유가 없더라도 자신의 꿈을 위해 과감하게 투자하는 드림 워커들을 보면 그들의 열정과 간절함을 엿볼 수 있다. 그리고 그들은 꿈에 대한 자신감과 확신이 있기 때문에 반드시 성공한다. 더불어 그 성공은 당신에게 뜻하지 않은 수입도 가져다준다. 돈이 사람을 따르는 것이다. 비록 지금은 나 자신에게 투자할 만큼 여유롭지 못하다 생각하고 시도조차 하지 않는 것은 바보 같은 짓이다. 분명 머지않은 미래에 커다란 후회를 가져다줄 게 뻔하다.

시간 타령, 돈 타령만 하면서 자신의 인생을 종합세트 인생으로 내버려 둘 것인가, 아니면 드림 워커로서의 삶을 살면서 명품 인생으로 거듭날 것인가. 판단과 선택은 지금 이 책을 읽고 있는 당신이 하면 된다.

# 꿈을 꾸는
# 당신이 이지적이다

아프리카 원주민들은 비가 오지 않으면 기우제를 지낸다. 그런데 그들이 기우제를 지내면 놀랍게도 100% 비가 내린다. 이유는 그들이 믿는 신의 능력이 뛰어나서도 아니고, 특별한 기도방법을 가지고 있어서도 아니다. 100%의 확률 비결은 바로 비가 내릴 때까지 기우제를 계속 지내기 때문이다.

여러분은 당신의 소망을 위해 하루 얼마만큼의 간절함을 담아 시간을 투자하는가. 하루 3시간?, 하루 30분?, 하루 3분? 아마도 하루



결혼과 함께 멈추는 여자, **결혼과 함께 성장하는 여자**

30초조차도 자신의 꿈을 위해 투자하지 않는 사람도 수두룩할 것이다. 꿈 자체를 꾸지 않는 사람들이 많기 때문이다.

예전에 나 역시도 그랬다. 결혼 후 모든 것이 새롭고 낯설기만 했던 나는 그 생활에 맞추고 따라가며 사는 것조차도 버겁다고 생각했다. 그래서 나 자신을 온전히 포기하며 살았다.

꿈 없이 살던 그 때에는 모든 상황이 내가 아닌 가족들 위주로 돌아갔다. 그러다 보니 나 자신에게 시간을 내어줄 틈조차 찾지 못했다. 아니 찾으려 하지 않았다고 하는 게 맞는 말이다. 무조건 회사와 가족이 우선이었고, 그렇게 사는 게 워킹맘으로서 최선을 다하는 삶이라 생각했다.

안타까운 것은 조금의 여유라도 생기면 나는 내 육신을 위한 편안한 휴식만 고집했다는 것이다. 내 영혼을 위한, 나 스스로의 발전을 위한 어떠한 생각과 노력도 하지 않은 채 말이다.

나는 꿈을 찾으려 하지 않았다. 삶의 중간마다 꿈이 찾아와 내 마음의 문을 두드려도 나는 그것을 애써 외면했다. 현재 주어진 삶을 살기에도 너무 버겁다 생각했기 때문이다.

그래도 다행이라 생각하는 것은 꾸준한 녹서를 했다는 섯이다. 독서로 인해 어느 순간 갇혀 있던 생각들을 깨기 시작했고, 그러면서 세상 밖의 것들이 하나씩 눈에 들어오기 시작했다.

독서를 통해 마음의 문이 열린 순간 나는 꿈을 찾기 시작했다. 그 동안 꿈 없이 어떻게 살았을까 할 정도로 나에게는 뜻밖에 하고 싶은 일, 이루고 싶은 꿈이 많이 있었다.

나는 그것들을 위해 하나씩 도전하기 시작했다. 지금 당장은 활용할 수 없고, 직접 그 도전에 대한 가치를 인정받지는 못할지언정 그래도 했다. 가만히 앉아서 아무것도 하지 않는 것보다는 도전하는 과정 자체에 의미를 두었다.

남편은 내게 이런 말을 한다. 배운 거 언제 써먹을 거냐고. 남편의 그런 말은 지금 당장 써먹지도 않으면서 뭐하러 시간 낭비, 돈 낭비를 하느냐는 약간의 비꼬인 생각도 분명 들어 있을 것이다.

그럼에도 나는 꿋꿋하게 내 목표를 향한 도전을 멈추지 않는다. 그리고 나는 믿는다. 그것들이 언젠가는 내 삶에 어떠한 방식으로든 쓰임 받는 역할을 해줄 거라는 것을.


꿈을 꾸고 그것을 실현하는데 주변 여건이나 환경 따위는 어떠한 장해물도 되지 않는다. 다만 조금의 어려움만 따를 뿐 그것 또한, 주변 사람들의 도움을 받으면 충분히 감당할 수 있는 일들이다.

간혹 자신의 꿈을 위해 달리는 여성들은 스스로 이기적인 아내, 이기적인 엄마라며 가족에게 미안해하고 자책하는 것을 볼 수 있다. 물론 그 심정 충분히 이해한다. 오롯이 가족만을 위해 살 때보다는 아무래도 가족에게 소홀한 면이 생기기 마련이다. 그러나 언제까지 감성에만 치우쳐 자신의 삶을 가족이라는 틀 안에 묶어 둘 수만은 없다.

이성적으로 생각하고 지혜롭게 행동하는 게 지금 당장은 남들 눈에 이기적으로 비칠 수 있다. 그러나 앞날을 내다봤을 때에는 결코 자신과 가족을 위한 일이 아니다. 지금 당장은 주위의 따가운 시선과 눈총을 견뎌야 하지만 당신의 그러한 행동은 미래의 자신과 가족을 위한 현명한 판단이라는 것을 결과로 말해 줄 것이다.

이기적이라며 곱지 않은 시선을 보내는 여성들은 머지않은 미래에 남편에게 의지하며 자식에게 짐이 되는 오히려 자신이 이기적인 행동을 하는 주체가 되어 있지는 않을지 자신을 들여다보아야 한다.

언젠가 TV에서 개그맨 이경규는 "가족들의 꿈보다 나는 내 꿈이 더 소중하다."라는 말을 해 주위 연예인들에게 야유를 받는 장면이 있었다. 나는 그의 말을 듣는 순간 '뭐야? 너무 이기적이잖아.' 라는 생각 대신, '와! 정말 이지적인 사람이다.' 하며 동지를 만난 것 같은 생각에 무척이나 반가웠다.

자식의 꿈이 나의 꿈이 될 수 없고, 남편의 성공이 나의 성공이 될 수 없다. 그러나 대부분 여성은 자식의 꿈이 나의 꿈인 양 남편의 성공이 나의 성공인 양 남편과 자식에게 모든 걸 희생하고 의지하며 산다. 미안하지만, '네 꿈은 너의 꿈', '네 성공은 너의 성공일 뿐' 절대 나의 꿈도 나의 성공도 될 수 없다. 물론 그들을 통해 부가적인 기쁨과 행복은 누릴 수 있겠지만, 자신에 대한 자신감과 성취감은 느낄 수 없다.

『당신의 꿈은 무엇입니까』의 저자 김수영은 어느 고등학생과의 인터뷰에서 이런 말을 했다.

"자신의 꿈을 짓밟으려는 사람이 있다면 그 사람은 꿈을 이루며 살고 있는지를 보세요. 꿈을 이루지 못한 사람의 이야기는 마음에 담아 두지 않아도 좋아요. 정작 성공한 사람은 남들에게 '불가능하니까 포기하라!'고 말할 시간조차 없답니다."

당신은 더는 주변의 시선에 얽매이지도 이끌려 다니지도 말고, 자신의 주관대로 소신껏 하고 싶은 일을 하고 그것을 매일 이루며 살아야 한다.

꿈은 내가 정해 놓았다고 해서 한 번에 이루어지지 않는다. 매일 꿈을 꾸고 상상을 하면서 조금씩 그 과정을 이루어 나가야 한다.

당장 결과를 내기보다는 매일 꿈을 이루어 나가는 과정을 즐기고 누려라. 그렇게 조금씩 과정을 즐기다 보면 성장하는 자신의 모습을 발견할 수 있고, 꿈을 이루는 단계까지도 분명히 도달할 수 있다.

꿈을 이루며 사는 사람은 마음속에 꿈이 가득한 사람이다. 그들은 실패를 두려워하거나, 포기하지 않는다. 매일 새로운 일에 도전하며 최선을 다하는 삶을 산다. 지금의 나 역시 그러하다. 꿈을 이루며 살아가고 있는 지금도 또 다른 꿈을 이루기 위한 설렘으로 가득하다.

꿈을 이루어 나가는 과정에서 실패도 하고 좌절도 한다. 그리고 하루에도 몇 번씩 포기하고 싶은 마음이 머릿속에 맴돈다. 하지만 나는 꿈을 이루어야겠다는 확실한 목표와 꿈을 이루고 난 뒤의 나의 모습을 상상하며 그것들을 이겨낸다.

나는 매일 꿈에 도전하며 그것을 이루어 나가는 과정이 즐겁고 행복하다. 꿈 없이 사는 평범한 삶에서는 찾아볼 수 없는 또 다른 기쁨과 희열을 느낄 수 있어서 좋다. 나는 요즘 부쩍 많은 생각을 한다. 앞으로 또 어떤 꿈을 위한 삶을 살아가게 될까, 미래의 3년 후, 5년 후, 10년 후의 나의 모습은 어떻게 변해 있을까.


카네기멜런대학의 컴퓨터 공학과 교수이자 『마지막 강의』의 저자 랜디 포시는 몇 해 전 췌장암으로 세상을 떠났다. 몸이 좋지 않은 상태에서 한 그의 마지막 강의는 유튜브를 타고 전 세계 사람들의 마음을 움직이게 한 바 있다. 그는 마지막 강의에서 말했다.

"우리가 꿈을 꾸면서 올바르게 살아간다면 그 힘이 우리를 이끌어서 꿈을 이루게 할 겁니다."

꿈을 꾸고 그 꿈을 이루기 위한 과정에서 부정의 기운이 아닌 긍정의 기운을 끌어들인다면 그 꿈은 반드시 이루어진다. 그러므로 매일 할 수 있다는 신념을 가지고 당신의 꿈은 반드시 이루어질 거라는 확신으로 하루를 이끌어 나가야 한다.

지금 당신은 꿈을 꾸고 있는가? 당신에게 꿈이 있고 매일 꿈을 꿀 수 있다는 것 자체만으로도 반은 성공이나 다름없다. 무조건 도전만 하면 된다.

혹시 꿈을 위한 도전이 아직도 가족에게 미안한 일이라며 망설여지는가? 그렇다면 지금 이대로의 모습이 미래의 자신의 모습임을 상상해 보자. 지금은 당신의 존재 자체를 주변에서 필요로 할지 모른다. 그러나 가족들이 당신의 손을 언제까지나 필요로 할 거라는 생각은 버려야 한다. 미래에는 주변 사람들에게 당신이 필요한 존재가 아닌 부담스런 존재가 되어있을지도 모르는 일이기 때문이다.

# 축제는
# 이제부터 시작이다

"인생은 되돌릴 수도, 빨리 돌릴 수도 없는 오리지널 생방송이다."

사람들은 말한다.

"10년 전으로 되돌아갈 수만 있다면….'
"다시 태어나면 진짜 멋지게 잘 살 수 있을 거 같은데….'
"지금 이 시간이 빨리 지나가 버렸으면 좋겠어!"

지나간 시간에 대한 아쉬움이나 후회가 생길 때면 사람들은 그 시간에 대한 미련을 갖기 마련이다. 또 지금 이 순간이 어렵고 고통스

러운 시간이라면 마치 '지옥 같은 삶을 살고 있다.' 라는 생각에 지금 이 순간을 탈피하고 싶어 한다.

그러나 모두가 알다시피 지나가 버린 시간은 되돌릴 수도 없고, 고통스럽고 힘든 현재의 시간을 빨리 떠나보낼 수도 없다. 지금 이 순간을 우리는 온전히 최선을 다해서 후회 없이 열심히 사는 방법밖에는 특별한 방법이 없는 것이다.

그렇다면 후회뿐인 과거를 위로하고 피하고 싶은 현재를 보듬으며 더 나은 삶을 살기 위해서는 어떻게 해야 할 것인가? 나만의 방법을 제시해 보고자 한다.



인생에 있어 나 또한, 살아오면서 이렇다 할 만큼 자신 있게 내세울 만한 삶을 살았다고 자부하지는 못한다.

나는 얼마 전까지만 해도 평범한 워킹맘으로서 열심히 부지런히만 살아왔을 뿐 그 이상도 그 이하도 아닌 그저 그런 평범한 삶을 살았다. 그러다 보니 매일 똑같은 생활의 반복이었다.

문득 이런 내 삶을 들여다보며 이렇게 살다가는 나의 미래도 지나온 과거와 별 차이가 없을 거라는 생각을 했다.

그래서 '이대로는 안 되겠다.' 라는 자각을 하게 되었다. 나는 지난날의 후회 속에서 앞으로의 인생까지 후회하는 삶을 살고 싶지 않았다.

그동안 나는 내 인생을 너무 소홀히 하며 지내왔다. 결혼 후 남편과 자식이 내 인생에 우선이 되어 있었고 정작 나 자신은 뒤로 밀려 있었다. 남편과 자식에게 내어주는 삶을 살았다는 것에 기쁘고 행복했지만, 다른 한편으로는 '나 자신'에게 미안한 생각이 들었다. 그래서 생각한 것이 '한 번뿐인 내 인생 하루를 살더라도 즐기며 살자!'라는 것이다.

피할 수 없는 현실 속에서 힘들어하고 고통스러워한다면 또 다른 아쉬움과 후회를 낳는 과거를 만들 뿐이다. 피할 수 없는 것은 되도록이면 내가 하고 싶은 일을 하고 즐기며 그 속에서 부정적인 생각을 최소화 하면 된다.

데이비드 리버먼은 그의 저서 『나에게는 분명 문제가 있다』에서 말한다.

"사람의 모습은 자기 생각에 의해서 만들어진다."

지금 자신의 모습은 온전히 자기 생각대로 이끌려온 모습의 결과물이며 만약 자신이 다른 모습으로 변하고자 한다면 이렇게 해야 한다고 조언한다.

과거의 나는 나를 위한 발전적인 생각은 하지 않고 살았다. 그저 남들 사는 대로 튀지 않고 평범하게 살면 그게 행복이라 생각했다. 그랬더니 어느샌가 정말로 남들처럼 앞서지도 않고 뒤서지도 않는 지극히 평범한 사람이 되어 있었다.

어느 순간 '아, 이건 아니야! 진정 내가 원하는 삶은 따로 있어!' 라는 생각을 하게 되었다. 그리고 재빨리 내 인생의 궤도 수정을 다시 한 번 하면서 새로운 생각과 목표를 갖고 도전하게 된 것이다.

나는 믿는다. 새로운 나의 도전이 평범했던 워킹맘의 모습에서 미래에는 지금 내가 생각하는 또 다른 모습의 사람이 되어있을 거라는 것을. 그러기 위해서는 무엇보다 즐기는 삶을 사는 게 중요하다. 생각나는 말이 있다.

**"누군가에게 1초는 행복하고, 다른 누군가에게 1초는 권태롭다."**

축제처럼 삶을 즐기며 사는 사람은 하루 24시간이 행복하다. 그러나 그렇지 않은 사람은 불행하다. 내 인생을 '축제'처럼 살 것이냐, 마지못해 의무감으로 해야 하는 '숙제'처럼 살 것이냐는 여러분이 마음먹기에 달려있다.

나는 매일 아침 등굣길을 나서는 아이들에게 해주는 인사법이 보통 엄마들과는 다르다.

"애들아, 오늘도 즐겁게 지내다 와!"

보통 엄마들의 경우 "공부 열심히 해.", "수업 시간에 집중해서 선생님 말씀 잘 들어!" 등의 다소 부담되는 당부의 말로 등교하는 아이들에게 짐을 안겨준다. 학교 가면 공부해야 하고 선생님 말씀 잘 들어야 하는 것은 당연한 일이다.

그래서 나는 굳이 아침부터 집을 나서는 아이에게 부담을 줄 필요는 없다는 생각이다. 대신 즐겁게 지내다 오라고 하면 녀석들도 신이 나서 가벼운 마음으로 현관문을 나선다.

앞으로 내 아이들은 지금의 '나', 앞으로의 '나'처럼 인생을 즐기며 살아가길 바란다. 하고 싶은 것 해보고, 배우고 싶은 것이 있으면 배우면서, 남들에게 이끌리는 삶이 아닌 자기의 인생을 끌어나갈 수 있는 '주도적인 삶'을 살았으면 한다.

그러기 위해서는 내 아이들에게도 삶이 숙제가 아닌 축제처럼 살 수 있는 마인드를 길러 주어야 한다고 생각한다. 그렇기 때문에라도 나는 내가 먼저 말이 아닌 행동으로 내 아이들에게 보여주어야 한다.

왜? 백 마디의 말 보다, 한 번의 실천이 설득력이 있기 때문이다.

내 인생의 축세는 이세부터 시작이다. 아니 이미 시작되있다. 매일 출근길이 지옥 같았던 하루도, 아이들 키우느라 인내심을 가지며 도를 닦던 시간도, 한번 토라지면 달래기 힘든 남편 성격 맞추는 일도 이제는 예전보다 덜 힘들고 덜 어렵다. 내 인생의 축제 속에 그러한 일들은 이제 아주 조그마한 일 중 하나가 되어 버린 것이다.

예전에는 그런 사소한 것들이 마치 내 인생에 커다란 사건이라도 되는 양 에너지를 소비하며 살았다. 그리고 '사는 게 어렵고 힘들다.'라며 불평했었다. 그러나 생각을 바꾸고 난 후부터는 달라지기 시작했다. 생각을 바꾸니 삶이 바뀌기 시작한 것이다.

아침 라디오 방송에서 이숙영 아나운서는 종종 이런 말을 한다.

"인생은 숙제가 아닌 축제다. 오늘도 축제처럼 즐겨라."

여러분의 인생은 지금 숙제인가? 축제인가? 논어에 나오는 공자의 말씀을 되새겨 보길 바란다.

"모르는 사람은 아는 사람을 따를 수 없고, 아는 사람은 좋아하는 사람을 따를 수 없으며, 좋아하는 사람은 즐기는 사람을 따를 수 없다."

# 어떤 아내이길
# 바라는가?

**작년 여름쯤인가 보다.**

지인의 카카오 스토리에 '색으로 알아보는 심리테스트'라는 글이 올라온 적이 있다. 그것은 아내가 남편에게 어떤 존재인가를 알아보는 테스트였다.

남편이 아내를 생각할 때 무지개색 중에 가장 먼저 떠오르는 색의 결과를 가지고 그 대답에 따른 색깔별 테스트 결과를 알아보는 것이었다.

- 빨강 – 그냥 아내
- 주황 – 애인 같은 아내
- 노랑 – 동생 같은 아내
- 초록 – 친구 같은 아내
- 파랑 – 편안한 아내
- 남색 – 지적인 아내
- 보라 – 섹시한 아내

지인은 미술 심리에서 나온 결과라며 나름 믿을만하다는 말도 친절하게 덧붙여 놓았다. 그리고 얼마 후 지인의 카카오스토리에는 실시간으로 댓글이 올라오기 시작했다.

"하하하. 날 보면 노란색이 떠오른다네."
"우리 신랑은 빨강이라네요. 쩝"
"파랑이라고 답장 왔습니다."
"아, 어쩜 좋아. 카톡 보낸 지 한 시간이 지났는데도 답장이 안 와요!"
"앗싸! 나는 보라색"
"이게 뭐야, 저도 빨강으로 문자 받았습니다."
"와 대박! 저는 무지개색 전부 다랍니다. 이게 좋은 건가요? 안 좋은 건가요?"
"방금 문자 보냈습니다. 남편의 답변 '남색' 을 기대합니다."

내가 놀라웠던 것은 남편들의 대답이 아니라 그 스토리에 달린 아내들의 엄청난 수의 댓글이었다.

지인이 올린 글을 읽자마자 아내들은 호기심에 자신의 남편에게 문자, 전화, 카카오톡 등 다양한 방법으로 질문을 던진 모양이었다. 그리고 여성들은 그 결과를 댓글로 올리며 남편에게 비친 자신의 모습에 만족, 보통만족, 불만족, 아주 불만족 등의 기분을 스스럼없이 표현해 놓은 것이다.

나는 그것을 보면서 '아! 아내들이 이토록 남편에게 관심받고 싶어 하고 자신이 어떤 존재인지를 궁금해하는구나!'라는 사실을 알게 되었다.

댓글에 올라온 남편들의 대답은 제각각이었다. 그러나 아내들이 바라는 마음은 거의 일관됐다. 남편에게 지적이고 섹시한 아내로 비치길 바란다는 마음이었다. 다시 말해 잘 보이길 바란다는 것이다.


결혼 전에는 많은 여성이 애인에게 이슬만 먹으며 살 것 같은 신비로운 분위기를 연출한다. 그리고 연애기간 내내 신비주의 이미지를 고수하며 살던 여성들이 결혼하고 출산하면서부터는 180도 달라진다.

공주풍의 화사한 원피스와 애교 섞인 귀여움은 온데간데없이 사라지고 헐렁한 트레이닝 바지에 늘어진 티셔츠를 입은 칙칙하고 억척스러운 아내만 존재한다. 연애 때에는 남자가 무슨 말을 하든, 어떤 행동을 하든지 마냥 사랑스러워 해주고 믿어주던 여성이 결혼 후에는 돈 많이 벌어 와라, 옆집 남편은 연봉이 당신의 두 배나 되더라, 당신이 잘하는 게 도대체 뭐냐 등의 남편 기죽이는 잔소리만 늘어놓는다.

점점 결혼기간이 길어질수록 억척스러운 아내, 무식한 아내, 게으른 아내, 잔소리만 하는 아내로 변하는 것이다.

남편은 과연 그런 아내를 좋아하고 자랑스러워할까? 대답은 뻔하다. 남편은 그러한 아내를 결코 좋아하지도 자랑스러워하지도 않는다.

물론 아내가 그렇게 변한 데에는 자신의 탓도 있다며 미안해하거나 안타까워하기는 할 것이다. 팍팍한 월급에 아이들 키우랴, 남편 내조하랴, 살림 꾸려 나가랴 얼마나 고생이 많으면 결혼 전 곱디고운 여자가 이렇게 변했을까 하고 말이다.

그러나 넓게 생각해 보면 그러한 결혼생활을 누구 혼자만 하는 일이 결코 아니다. 현실 속에서 다른 여성들도 다 하는 일이다. 그렇다면 과연 다른 여성들도 똑같은 모습으로 살아가고 있을까? 그렇지 않다. 비슷한 모습으로 살기는 하지만 나름대로 자기계발을 통해 꿈을 이루고 또 다른 꿈을 꾸며 사는 매력적인 여성도 있다. 그러한 여성은 분명 남편에게 자랑스러운 아내, 자랑하고 싶은 아내임이 틀림없다.

얼마 전 『여자의 물건』이라는 공동저서를 펴내면서 알게 된 저자 중 이은영 작가가 있다. 그녀는 얼마 전 첫 아이를 출산한 초보 워킹맘이다.

보통은 첫 아이를 출산하고 나면 분주하기 마련이다. 아이를 키워본 엄마들이라면 아이 키우는 일, 특히나 첫 아이 키우는 일이 얼마나 낯설고 힘든 일인지 누구보다 잘 알 것이다. 매일 새로움을 맞이하며 온종일 아이한테 정신적 사랑과 육체적 희생을 쏟아내야 한다. 그러니 당연히 정신적인 여유도 없고, 체력도 고갈되며, 자신을 위한 시간도 없다.

그러나 정말 다들 그러고 살까?

아직 돌도 안 된 첫 아이를 키우느라 깊은 잠도 못 이루고, 시도 때도 없이 울어대는 아이 달래느라 지쳐있을 만도 한데 그녀는 결코 주저앉지 않는다. 마음의 여유가 없을 거라는 주변 사람들의 상상을 깨고 그녀는 자신의 목표를 위해 지금도 꾸준히 도전 중이다.

그녀는 자신의 꿈을 응원해주고 적극 지지해준 남편에게 보답하기 위해 작가와 강연가로 반드시 성공해서 남편에게 BMW 고급 승용차를 선물로 안기겠다는 포부를 밝힌 바 있다.

나는 그녀의 말을 들으며 '아, 저런 아내라면 남편이 얼마나 아내를 자랑스러워할까?' 하는 생각을 잠시 했다. '그녀의 남편은 아내를 자랑스러워 할 뿐만 아니라 분명 팔불출을 자저하면서노 사람들에게 아내의 자랑도 마다치 않겠구나.' 하는 생각이 들었다.

자칫하면 아이 엄마, 집사람, 일하는 아내로 머무를 뻔했지만, 그녀는 꿈을 꾸고 그것을 이루는 아내로 자신을 업그레이드한 것이다.

그녀는 현재 자랑스러운 아내, 자랑하고 싶은 아내로서 해야 할 역할을 톡톡히 해내고 있다. 그렇기에 그녀가 밝힌 포부도 분명히 머지않은 미래에 꼭 이루어지리라 믿는다. 나는 그녀가 밝힌 'BMW 자동차'라는 결과보다는 그것을 이루기 위한 과정에서 그녀가 보여줄 앞으로의 모습을 기대한다.

목표를 가지고 도전하는 삶을 사는 것은 진정으로 가치 있는 일이다. 그것은 자신의 삶뿐만 아니라, 남편에게도 자식에게도 그리고 부모님에게도 자랑스럽고 의미 있는 일이 아닐 수 없다.

지금까지 당신은 누군가에게 얼마나 자랑스러운 존재로 살아왔는가? 아직 그러한 존재가 아니라고 생각한다면 앞으로 그렇게 되고 싶지는 않은가?

단순히 착한 엄마, 살림 잘하는 아내, 일 잘하는 여성, 아이들 잘 키우는 며느리로서 해야 할 역할만을 무난히 수행하며 칭찬받는 삶에 안주하지 마라. 대신 자랑스러운 엄마, 자랑하고 싶은 아내, 드러내놓고 싶은 딸과 며느리가 되어 보아라.

앞서 말한 애인, 동생, 친구 같은 아내도 좋고, 편안하고 지적이고 섹시한 아내도 좋다. 그러나 그것들보다는 여러분은 꿈이 있는 아내, 꿈을 꾸는 아내가 되어 그 꿈에 도전하고, 꿈을 이루며 사는 행복한 아내가 되어야 한다.

# 꿈은 미루는 게 아니다.
# 당당하게 도전하라!

"어머나, 어쩌면 좋아! 몸무게가 또 늘었어. 그 사이 살이 또 쪘나 봐!"
"운동을 다시 시작해야겠어. 헬스를 해볼까? 아니면 수영을 할까?"
"당장 필요한 운동용품부터 사야겠어."
"다음 달부터는 반드시 다이어트 시작할 거야!"

과연 그녀는 다이어트를 시작해서 얼마만큼의 살이 빠졌을까? 3kg? 5kg? 10kg? 안타깝게도 그녀의 몸무게는 전혀 빠지지 않았다. 오히려 더 늘었다.

왜 그랬을까? 이유는 간단하다. 그녀는 다이어트를 해야겠다는 결심만 했을 뿐 실천은 하지 않았다.

살면서 우리는 이러한 결심들을 정말로 많이 한다. 그러나 그 결심을 실천으로 옮기는 사람은 소수에 불과하다. 입으로는 너무나 쉽게 말하고 강한 의지로 결심도 한다. 그러나 정작 몸으로는 실천하려 하지 않고 결국, 그것을 포기해버리고 만다. 편리함을 택한 것이다.

결심을 실천하기 위해서는 새로운 환경에 부딪혀야 한다. 그러나 사람들은 현재의 환경에 너무도 익숙해진 나머지 새로운 환경에 적응하기를 힘들어하고 불편해한다. 결국, 도전도 안 해보고 포기하는 것이다.


나와 친한 S 선배는 도전의 아이콘이다. 늘 끊임없이 꿈을 꾸고 도전하며 그 꿈을 위해 쉴 새 없이 바쁘게 움직인다. 그녀는 현재 중소기업의 재경팀 이사로 근무 중이다.

회사에서 임원인 위치에 있으면 보통의 여성들은 그 자리에 만족하며 자부심을 가지고 살 만도 하다. 그러나 S 선배는 전혀 그렇지 않다. 위치가 위치인지라 자신이 마음만 먹으면 얼마든지 요령을 피울 만도 한데 그녀는 자기관리를 정말 철저히 한다. 아마도 그런 모습들이 회사의 중요한 위치까지 오르는데 긍정적 역할을 하지 않았을까 싶기도 하다.

같은 위치에서 권위만 내세우고 거만하게 행동하며 아랫사람의 밥그릇이나 뺏어 챙기려 호시탐탐 기회를 엿보는 사람들도 많다. 그런 사람들을 종종 보아온 나는 그녀의 그런 대조적인 모습이 존경스러울 따름이다.

S 선배는 어릴 적 집안 사정으로 인해 고등학교를 졸업하고 바로 사회생활을 시작했다고 한다. 그래서 늘 배움에 대해 목말라 했다. 그녀는 한 살이라도 젊을 때 대학공부를 해야겠다며 작년에 사이버대학교에 입학했다. 회사생활을 하는 터라 그러한 결정이 쉽지만은 않았을 텐데 그녀는 자신의 꿈을 위해 직장을 포기하지 않고 공부할 수 있는 최선의 방법을 찾은 것이다.

그녀는 한번 해야겠다고 마음먹은 것은 곧바로 실행에 옮긴다. 오랜 기간 옆에서 지켜본 바로는 늘 그랬다. 그녀는 그동안 내가 보아온 그 어떤 누구에게도 뒤지지 않는 실행력과 열정을 가지고 있는 여성이다. 그렇기에 그녀에게서 망설임이라는 것은 당연히 찾아볼 수가 없다.

현재 워킹맘에 늦깎이 대학생인 그녀는 다른 누구보다도 바쁘고 힘이 들 텐데 그녀에게서는 전혀 그런 기색을 찾을 수 없다. 힘들까 싶어 나는 그녀에게 응원의 말이라도 건네고자 "힘들지 않아요?" 하고 물어보면 그녀는 이렇게 대답한다.

"힘들긴, 너무 재미있어. 공부하면서 새로운 사람들 만나게 된 것도 행복하고, 해보고 싶은 공부 마음껏 하는 것도 너무 즐거워."
"사이버대학과정 빨리 끝내고 나면 또 다른 꿈에 도전할 계획이야!"

현재 그녀는 대학공부 이외에 취미생활도 열심히 즐기고 있다. 작년까지만 해도 악기를 배우더니 몇 달 전에는 불교대학에 등록해서 요즘은 매주 공부하러 절에도 다녀온다. 게다가 얼마 전에는 절에 소속되어 있는 합창단에 입단했다는 소식까지 들려왔다. 나는 그녀의 도전정신에 입을 다물 수가 없었다.

도대체 그 많은 것을 어떻게 다 소화해 낼 수 있을까 의아해했지만, 그녀는 어느 것 하나 소홀함 없이 똑 부러지게 제대로 다 해내고 있다. 그녀의 철저한 시간관리 덕도 있지만, 자신의 꿈과 목표를 위해 달리는 그녀의 열정은 그 많은 것을 제대로 소화할 수 있게 만드는 강력한 에너지가 되고 있다.

그녀의 꿈을 향한 도전도 도전이지만 엄밀히 보자면 그건 자기 자신을 위한 일이다. 남편과 자식이 있는, 소위 말하는 가족에게 매여 있는 처지의 여성들에게 있어서는 엄두도 낼 수 없는 꿈같은 일일수도 있다.

나는 혹시나 싶어 그녀에게 물었다.

"그렇게 여러 가지 일을 하게 되면 아무래도 남편이나 자식에게 소홀해질 텐데 집에서 뭐라 안 해요?"

"응, 괜찮아! 내가 애들 앉혀 놓고 다 얘기했어!"

"그래요, 무슨 말로 어떻게 설득시켰는데요?"

"응, 애들한테 이렇게 말했어."

"애들아! 지금 너희는 '꿈'이라는 게 있잖아? 명확한 그 꿈을 위해서 공부도 열심히 하고 따로 전공수업 과외도 받고 있으니까 꿈을 위해 달리고 있는 거 맞지?"
"너희가 꿈을 꾸고 그 꿈을 위해 열심히 뛰고 있는 것처럼 엄마에게도 꿈이라는 게 있어."
"물론 너희가 다 클 때까지 기다렸다가 나중에 시작해도 되지만, 엄마는 그렇게 하고 싶지 않아! 꿈은 미루는 게 아니거든."
"엄마가 너희의 꿈을 응원하고 지지해 주는 것처럼, 너희도 엄마의 꿈을 응원해주었으면 좋겠구나!"

역시나 똑 부러지는 그녀다. 가족들에게 미안한 마음이 없을 수는 없다. 그러나 그녀는 잠깐의 미안함 대신 자신의 꿈을 찾고 그 꿈을 위해 뛰면서 자식들에게 열심히 사는 엄마의 모습을 당당하게 보여주는 게 더욱 현명한 일이라 생각했던 것이다.

꿈을 실현하기 위해서는 쉼 없이 달려야 한다. 쉬는 만큼, 지체하고 망설이는 만큼 꿈을 이루는 것은 늦어지기 때문이다.

어느 추운 겨울날, 토끼 세 마리가 얼음 위에 올라탄 채 강물에 떠내려가고 있었다. 얼음이 육지와 가까워졌을 즈음 한 마리의 토끼가 결심했다는 듯 큰소리로 외친다.

"이번이 기회야, 이번엔 반드시 육지로 뛰어내릴 거야!"

그러자 나머지 토끼 두 마리도 큰 소리로 말한다.

"나도", "나도"

여러분은 지금 얼음 위에 몇 마리의 토끼가 남아 있다고 생각하는가? 모두 뛰어내리고 한 마리도 없을까? 그렇지 않다. 얼음 위에 토끼는 여전히 세 마리가 남아 있었다. 모두가 육지로 뛰어내리겠다고 큰소리로 결심만 했을 뿐 그에 따른 실천은 전혀 하지 않았기 때문이다.

결심만 해서는 아무것도 얻을 수 없다. 직접 몸으로 움직이며 실천을 해야 결과를 얻을 수 있다.

나는 "꿈은 미루는 게 아니다."라는 S 선배의 말에 전적으로 동의한다. 꿈에 대한 결심만 있고 그것을 이루고자 하는 실행력이 없다면 그 꿈은 어느 순간 나도 모르게 상실되고 만다. 그 꿈을 붙잡으려면 끊임없이 관심을 두고 당당하게 도전해야 한다.

간혹 도전도 해보기 전에 '못 하겠어!'하며 포기하는 사람들을 볼수 있다. 분명히 말하지만, 그들은 못 하는 게 아니라 안 하는 것이다. 게으른 생활에 익숙해져 버린 나머지 자신의 꿈을 너무도 쉽게 놓아버리는 것이다. 나는 여러분에게 자신의 꿈에 확신을 가지고 자신감과 용기를 채워 당당하게 도전하고 뛰어보라 말하고 싶다.

# 꿈과 함께
# 성장하는 삶을 살아라

사람은 누구나 마음속에 크고 작은 꿈을 품고 살기 마련이다.

간혹 "현실적으로 살아야지", "한가하게 꿈은 무슨 꿈이야.", "그 꿈 당신이나 실컷 꾸세요." 하며 꿈에 대해 아직도 비판적인 사고를 하는 사람도 있다.

그러나 그런 일부의 사람들을 제외하고 꿈은 항상 사람들 마음속에 존재한다. 다만 그 꿈이 당신 마음속에 어떤 식으로 존재해 있느냐의 차이는 있다.

그룹 봄, 여름, 가을, 겨울의 〈어떤 이의 꿈〉이라는 노래이다.

어떤 이는 꿈을 간직하고 살고,
어떤 이는 꿈을 나눠주고 살며,
다른 이는 꿈을 이루려고 사네.
어떤 이는 꿈을 잊은 채로 살고,
어떤 이는 남의 꿈을 뺏고 살며,
다른 이는 꿈은 없는 거라 하네.
세상에 이처럼 많은 사람들과
세상에 이처럼 많은 개성들
저마다 자기가 옳다 말을 하고
꿈이란 이런 거라 말하지만
나는 누굴까? 내일을 꿈꾸는가?
나는 누굴까? 아무 꿈 없질 않나?

오래전 당신은 정말 많은 꿈을 꾸며 살았다. 그러다가 어느 순간부터는 꿈을 잊어버렸거나, 마음 한구석에 당신의 꿈을 고이 접어둔 채 살아가고 있다. 또 다른 누군가는 꿈을 아예 잃어버렸거나, 꿈조차 꿀 생각을 하지 않는다.

당신은 내일을 위해 어떤 꿈을 꾸며 사는가. 당장 자신에게 주어진 삶을 살아내기도 힘들다며 내일의 꿈은 아예 접어두고 살지는 않는가? 그렇다면 당신도 과감하게 변해야 할 필요성이 있다.

꿈 없이 사는 삶이 얼마나 재미없고, 낙오자가 되기를 자처하는 삶인지는 이제 충분히 알 거라 생각한다. 그러므로 이제부터는 당신도 '바쁜 것' 대신 '중요한 것'을 먼저 찾아야 한다. 즉 당신의 꿈에도 생명력을 불어넣고, 그것을 지속해서 성장시켜 나가야 한다는 것이다.

여성들은 늘 바쁘다는 것 때문에 정작 자기 자신에게 중요한 꿈을 잊고 산다. 살기는 살되 매일 육체만 바쁘게 움직이고 있을 뿐 영혼은 잠재워두고 있는 것이다.

가족을 위해 하루를 바쁘게 움직이는 아내들은 늘 몸과 마음이 피곤하다. 그러니 마음의 여유를 느낄만한 시간도 없다. 그러한 생활은 정신적으로 많이 허기가 진다. 결국은 영혼의 허기를 달래주지 못하다보니 늘 한쪽 구석이 허전해지고 심지어는 우울증까지 찾아오는 것이다.

먹고 사는 게 뭐라고 자신의 꿈마저 잊고 사는 건지. 꿈 없이 살아야만 하는 사람들을 보면 정말 안타까울 따름이다.

당신은 꿈과 함께하는 삶을 살아야 한다.

여러분에게 도움을 줄 수 있는 일이라고는 내가 그러했듯 당신도 "꿈을 찾아서 매일 그 꿈을 꾸고 이루며 살라!", "긍정의 기운을 당신의 꿈에 열정적으로 쏟아 부으라!" 하고 동기를 유발하는 정도의 도움뿐이다. 나머지 그 꿈에 희망의 물을 주고 성장시키는 일은 오롯이 자신의 몫이다.

두 개의 씨앗이 있다. 그것을 똑같은 밭에 뿌리고 한쪽에는 매일 물을 주며 긍정의 관심을 준다. 그리고 다른 한쪽에는 물은커녕 관심조차 두지 않는다. 어느 쪽의 씨앗이 먼저 싹을 틔우고 열매를 맺을까. 당연히 전자 쪽이다.

씨앗은 지속해서 물을 주고, 관심도 가져주어야 한다. 또 항상 긍정의 기운을 선물해 주어야 튼튼한 나무로 성장하며 성공이라는 달콤한 열매도 얻을 수 있다. 우리 마음속에 있는 꿈도 마찬가지이다. 꿈이라는 씨앗만 마음속에 있을 뿐 그것에 관심조차 주지 않으면 씨앗은 시들어 죽게 된다. 꿈이라는 씨앗에 매일 물을 주고 관심을 두어야 싹도 나고 지속해서 성장하여 커다란 나무가 되는 것이다.

베스트셀러 『연금술사』, 『마법의 순간』의 저자로 우리에게 친숙한 파울로 코엘료. 그는 "사람들에게 나타나는 징후 중 꿈이 시들어가기 시작할 때 나타나는 첫 번째 징후는 '지금은 내가 너무 바빠서…'라는 말을 내뱉기 시작할 때부터다."라고 강조한다.

*"지금은 내가 너무 바빠서…"*

굳이 말을 안 해도 지금 당신 스스로 알 것이다. 이 말을 평소 얼마나 많이 사용해 왔는지.

'바빠서'라는 말은 비단 당신뿐만이 아니라 세상을 사는 많은 사람이 자주 사용하는 단어 중 하나이다. 어쩌면 사람들은 '가능하다.', '할 수 있다.' 라는 긍정의 말보다 '바쁘다.', '시간이 없다.' 라는 부정의 말을 더 많이 사용하며 살고 있는지도 모른다. 이 부분에서는 나 자신도 어느 정도 인정하는 부분이다.

바쁘게 산다는 것은 좋은 것이다. 다만 왜 바쁜지, 무엇 때문에 바쁜지를 모른다면 약간의 문제가 있는 삶이라 볼 수 있다.

사람들은 평소 "오늘도 온종일 하는 일 없이 너무 바빴어."라는 말을 자주 한다. 우리는 자신이 왜 바빴는지, 무엇 때문에 바빴는지를 제대로 알려 하지 않는다. 설령 알고 있다고 해도 그것이 자신의 삶에 큰 의미로 다가오지 않기 때문에 인식하려 하지 않는 것이다.

하는 일이 없는데 바쁠 일은 없다. 분명히 한 일이 있으니까 바빴을 텐데 그것을 굳이 기억하고 싶어 하지 않은 이유는 자신이 하고 싶은 일을 하지 않았기 때문이다.

늘 똑같은 자리에서 똑같은 일만 하며 능동적이 아닌 수동적인 삶만 살다 보니 당연히 재미가 없다. 그러니 자신이 온종일 무얼 하며 지냈는지조차 관심을 두지 않는 것이다.


세상의 그 어떤 성공도 하루아침에 이루어지지 않는다. 당신의 꿈도 마찬가지이다. 마음속에 씨앗을 뿌리고 그 씨앗에 매일 정성스레 물을 주어야 한다. 그리고 그것이 잘 자랄 수 있도록 열정과 간절함이라는 영양분도 함께 주어야 한다.

이왕 물주기를 시작할 거라면 제대로 확실히 한번 해보라 말하고 싶다. 꿈은 지속해서 건드려주어야 살아서 움직이고 성장한다. 즉 당신이 얼마만큼 꿈을 성장시키느냐에 따라서 당신의 미래가 얼마든지 바뀔 수 있다는 것이다.

지금 당신의 마음속에는 어떤 씨앗이 꿈틀대고 있는가. 온종일 왜 바쁜지, 무슨 일을 하느라 바빴는지도 모르는 당신의 삶 속에 오늘부터는 '꿈에 물주기'라는 과제를 더해보면 어떨까. 이제 당신은 시들어져 가는 당신의 꿈에 물을 주고 관심을 두어야 할 때이다. '꿈에 물주기'를 하느라 하루가 바쁘다면 그것 또한, 기쁘고 행복한 일이 아닐 수 없다. 그만큼 꿈을 위해 무언가를 열심히 하고 있다는 증거일 테니 말이다.

# Part 03

## 여자의 진짜 인생은 **결혼 후** 부터다

# 피하지 말고
# 즐겨라

동창모임이나 친목회, 동호회, 회사 여직원 모임 등 어딜 가나 여자들이 모인 자리면 꼭 하는 수다의 단골 내용이 있다. 그것은 마치 대화에서 빠지면 큰일이라도 나는 듯 대화 중간쯤 되면 누구나 할 것 없이 앞다투어 말을 꺼낸다.

시댁과 남편 그리고 자식에 대한 이야기이다. 그녀들이 하는 수다의 단골 멘트는 이제 어느 곳에 가든지 비슷하다.

"남편이 아니라 웬수야!"

"내가 미쳤지, 결혼은 왜 했는지 몰라!"
"난, 우리 시어머니 때문에 스트레스가 장난이 아니야!"

그녀들은 푸념이나 한숨 섞인 말을 시간 가는 줄 모르고 늘어놓으며 신세 한탄을 한다. 그리고 아직 결혼하지 않은 친구나 후배가 있으면 친절하게도 꼭 해주는 말이 있다.

"너는 결혼하지 말고 혼자 살아!"
"너, 결혼하면 얼마나 힘든 줄 알아? 네가 상상하는 것 그 이상이야!"
"결혼하면 좋을 것 같지? 결혼해봐, 좋은 건 잠깐이야!"

나름대로 결혼 선배라고 마치 세상을 다 살아보기라도 한 양 자기만의 기준으로 미혼인 후배들에게 해주는 충고나 조언이다. 그러면 평소 말이 없던 P 선배도 그 분위기에 빠져 함께 맞장구를 친다. 그리고 '때는 이때다!' 하며 그녀들의 생각에 P 선배의 편협한 의견을 더한다. 그렇게 영양가 없는 수다에 빠져 있다가 집에 돌아올 때면 P 선배는 이런 말을 한다.

"내가 꿈꾸던 결혼생활은 이게 아닌데….'
"내가 도대체 결혼을 왜 했지?"
"남편 걱정 자식 걱정 안 해도 되는 싱글은 정말 좋겠다!"

P 선배는 육체적으로나 정신적으로 자유롭고 편한 삶을 사는 솔로가 부럽다고 한다. 누군가의 참견이나 시간에 구애받지 않으니 정

신적으로 여유로울 것이고, 가족을 챙겨야 하는 부담감도 적으니 부러울 만도 하다. P 선배의 말에 어느 정도 같은 생각이다. 무엇보다 결혼하게 되면 자연스럽게 따라오는 거부할 수 없는 책임감과 의무감이 솔로들에게는 없을 테니 말이다.

회사에서 갑작스럽게 처리해야 할 일이 생겨 야근해야 하거나 회식이라도 있는 날이면 발을 동동거리며 마음을 졸여야 하는 워킹맘이 많다. 나 또한, 그런 일이 생길 때면 난처해지기는 마찬가지이다.

그럴 때면 사사건건 현실과 부딪혀야 하는 워킹맘과는 달리 시간을 자유롭게 활용하는 미혼여성들이 부러웠다. 한편 무엇을 하든지 남편이 걸리고 자식에게 얽매여 자유롭지 못한 내 삶이 싫었다.

그러나 어느 순간 생각이 바뀌면서 예전에 미처 보지 못했던 것들을 새롭게 보고 느끼게 되었다. 그리고 내가 그토록 부러워하던 것들이 전부 부질없는 생각임을 알게 되었다.

미혼여성이나 아직 자식이 없어 여유로울 거라고 생각하는 아내들의 일면을 들여다보며 나는 그들에게 약간의 실망을 하였기 때문이다.

그들의 삶은 우리들의 기대만큼 좋지도 특별하지도 않다. 물론 그들은 기혼여성이 그토록 부러워하는 육체적, 정신적, 시간적 여유를 많이 가지고 있다. 그리고 기혼여성이 갖지 못하는 여러 가지 여유를 누리며 보란 듯이 즐긴다.

그러나 그들이 결혼한 여성보다 좋은 것은 딱 거기까지뿐이다.

시간이 많을 것 같고 몸이 자유로울 것 같다며 마냥 부러워하지만, 우리가 만약 결혼 전이거나 자식이 없다고 가정했을 경우 과연 현실과 얼마나 다른 삶을 살고 있을까?

분명히 환경이나 여건이 다르다고 해도 무언가를 하고자 하는 특별한 계획과 목표가 없다면 지금처럼 평범한 생활 속에 머물러 있었을 것이다.

얼마나 다행인지 모른다. 우리는 이미 인륜지대사(人倫之大事)라고 하는 결혼을 통해 남편을 만났고 아이들을 키우며 그들로 인해 철들고 성장해 나아갈 수 있으니 말이다.

엄마라고 불리는 지금의 우리는 인생에서 가장 중요하다는 결혼과 출산이라는 큰일을 이미 이루어 놓았다. 그렇기에 우리에게는 앞으로 우리가 하고자 하는 일, 하고 싶은 일을 부담 없이 할 수 있는 여유가 있다.

그리고 이미 인생을 살면서 여러 번의 큰일을 경험해 보았기에 앞으로 무엇을 하든지 할 수 있고 해낼 수 있다는 자신감도 내면에 잠재되어 있다. 그러고 보면 현재 우리가 처한 가정환경이나 걸림돌이라 여겼던 가속늘은 우리에게 끊임없이 생각하고 움직이게 하여주는 원동력이다.

우리가 '웬수!'라 여기는 남편은 늘 뒤에서 든든한 조력자가 되어주고, 자식들은 우리가 움직여야 하는 이유 발전해야 하는 이유가 되기에 충분한 삶의 자극제가 되어 주기 때문이다.

우리에게 결혼은 인생의 또 다른 삶의 무대이며 경험이다.

그동안 우리는 결혼이라는 새로운 무대 속에서 뚜렷한 목표 없이 살았다. 다른 주인공들을 돕는 정도의 조연 역할만 하며 무대에 대한 불만과 자신에 대한 투정만 부리고 있었던 것이다. 나 또한, 그 무대 속에서 조연의 삶을 살았었다. 내 삶에 대한 확신이 없었으니 어쩌면 당연한 결과이다.

대부분 결혼한 여성의 삶은 말이나 생각처럼 그렇게 녹록하지만은 않다. 육아와 교육문제, 남편의 비협조, 시댁과의 갈등, 경제적 사정, 시간적 여유 등 어느 것 하나 만만한 것이 없다. 그리고 어느 것 한 가지도 소홀히 할 수 없고, 포기 할 수도 없다. 그렇기에 엄마라는 자리가 얼마나 어렵고 힘들다는 것을 누구보다 잘 알고 공감한다.

하지만 우리는 결혼이라는 것을 함으로써 이미 무대의 막은 올려놓았다. 그러므로 '무섭고 두렵다.', '어렵고 힘들다.' 라며 상황을 피하면 안 된다.

"인간에게는 의식적인 노력으로 자신의 삶을 높일 능력이 분명히 있다는 것보다 더 용기를 주는 사실은 없다."

_헨리 데이비드 소로


인간에게는 자신도 모르는 무한한 잠재능력이 있다. 다만 우리는 그것을 의식하지 않고 살 뿐이다. 의식과 무의식의 차이는 크다. 같은 일을 하더라도 의식적으로 하는 사람과 그렇지 않은 사람의 결과를 보면 알 수 있다.

무조건 열심히 노력만 한다고 해서 멋진 무대는 절대로 만들어지지 않는다. 지금까지의 경험만으로도 충분히 알 수 있다. 열심히, 부지런히, 성실하게 사는 것도 좋지만, 무엇보다 그 바탕에는 의식적인 행동이 필요하다. 그리고 앞으로는 그러한 삶을 반드시 살아야 한다.

부득이하게 지금까지 무의식으로 이끌리는 삶을 살아왔다면, 앞으로는 자신의 삶에 확신을 가지고 의식적으로 이끄는 삶을 살아야 한다.

"어떻게 즐길 것인지 의식적으로 생각하고 행동하라. 매 순간 의식하며 당신이 앞으로의 삶을 어떻게 즐기느냐에 따라 당신이 원하는 새로운 인생이 만들어진다."

# 걱정 대신
# 열정을 품어라

어느 날 소식이 뜸한 친구가 문득 생각나 안부를 묻고자 전화를 했다. 서로 간단한 인사를 나누고 난 후, "요즘 어떻게 지내?"하는 나의 질문에 그 친구는 "요즘은 내가 살아도 사는 게 아니야?"하고 답한다. 그리고는 수화기 너머로 커다란 한숨 소리가 들려온다.

사내아이 둘을 키우고 있는 그 친구는 현재 전업주부이다. 한때 딸 둘을 낳은 엄마는 금메달, 딸 하나 아들 하나 낳은 엄마는 은메달, 아들 둘을 낳은 엄마는 목(木)메달 감이라는 유머가 유행한 적이



결혼과 함께 멈추는 여자, **결혼과 함께 성장하는 여자**

있다. 그만큼 아들 둘을 키우는 엄마는 다른 엄마들에 비해 훨씬 힘들고 어렵다는 것이다.

은메달에 속하는 나 또한, 아들을 키우고 있지만, 딸보다 키우기가 여간 힘든 일이 아니다. 툭하면 넘어지고 부딪혀서 깨지거나 다치고, 호기심과 모험심은 또 얼마나 많은지 예상하지 못한 돌발 행동에 당황하고 난감할 때가 한두 번이 아니다.

아들 하나도 그렇게 힘든데 아들을 둘씩이나 키우는 너는 어떨까 싶어 힘들다는 친구의 말에 안쓰러워하고 대단하다고 격려도 해주며 힘을 주었다. 그러다가 너무 자식에게만 매여 사는 그 친구가 염려되어 말을 건넸다.

"얘, 그러지 말고 너도 너만의 시간을 가져보는 건 어때?
애들하고 온종일 집에만 있으면 힘들지 않아? 기분 전환 좀 할 겸 취미생활이라도 좀 해봐!"

그러자 그 친구는 처음 육아문제에서 시작되었던 걱정거리가 굴비 엮듯 줄줄이 엮여 나오는 것이었다. 남편 직장문제부터 시작해서 아이들 학원비 유치원비 등의 교육과 그에 따른 경제적 문제, 시댁 문제 등 어느 것 하나 편한 게 없어 그럴 여유가 없다는 것이다.

주변을 둘러보면 정말로 다양한 종류의 걱정거리를 가지고 온통 걱정 속에 묻혀 사는 사람들을 자주 본다. 비단 그 친구뿐만이 아니다. 살면서 사람마다 크고 작은 걱정거리를 가지고 살게 되는 건 어쩌면 당연한 일인지도 모른다.

다만 그 걱정거리를 가지고 또 다른 걱정거리를 만들며 사느냐, 그렇지 않고 '잘되겠지.' 하고 물어주느냐의 차이만 있을 뿐이다. 나는 주로 후자 편에 속한다. 남편은 그런 나를 보며 "생각 없이 산다.", "속은 편하겠다.", "너무 단순하게 산다." 등의 야유 섞인 말들과 타박을 자주 한다. 그런 남편이 가끔 야속하기는 하지만 그마저도 나는 웃어넘기고 만다.

나도 한때는 걱정을 한가득 마음에 품고 살던 때가 있었다. 세상 걱정거리는 나 혼자 다 짊어지고 사는 양 시도 때도 없이 한숨을 푹푹 쉬어가며 근심을 한가득 안고 살았다. 그 결과 나에게 찾아오는 것이라고는 암울한 생각과 각종 병밖에 없었다.

그때 나는 '아, 이건 결코 좋은 생각이 아니구나!'라는 것을 깨달았다. 그리고 나 자신을 위해 단순해지기로 결심했다. 지금까지 살면서 확실히 알게 된 것은 비록 단순하다는 소리는 들을지언정 후자로 사는 게 훨씬 현명하고 지혜로운 방법이라는 것이다.


예전에 내가 그러했듯 걱정거리 속에서 헤어나지 못하고 허우적거리고 있는 주변 사람들을 보면 안타까운 마음뿐이다. 그런 사람들은 대부분 무언가를 하고자 하는 의욕 자체가 없다.

무엇보다 확실한 것은, 걱정은 또 다른 걱정거리를 물어온다는 것이다. 즉 우리가 스스로 쓸데없는 걱정 속에 빠지게 되면 또 다른 걱정의 기운을 부르며 살게 되는 것이다. 고사성어 중에 기인지우(杞人之憂)라는 말이 있다.

중국 기 나라에 쓸데없는 것으로 걱정하는 사람이 있었다. 그는 하늘이 무너질까 땅이 꺼질까 항상 노심초사했다. 그는 쓸데없는 걱정을 하느라 일상생활도 제대로 하지 못했다. 그것을 본 친구가 하루는 걱정 근심하는 친구에게 다가가 말한다.



공연한 걱정을 하는 사람들을 보면 우리는 흔히 '걱정도 팔자다.'라는 말을 한다. 그런 사람들은 보통 걱정 때문에 정작 자신이 해야 할 일을 하지 못하거나 쉽게 포기해 버린다. 걱정이라는 감정은 사람을 무기력하게 만들고 우리의 생각을 파괴해 버리는 부정적인 힘을 가지고 있기 때문이다. 따라서 우리가 걱정이라는 감정을 어떻게 조절하느냐에 따라 삶의 질이 달라질 수 있다.

걱정만 하고 살기에는 우리의 인생이 너무나 짧다. 그렇기에 우리는 부정적인 생각만을 일삼게 하는 걱정 대신 그 자리를 열정으로 채워 나가야 한다. 열정은 건설적이고 생산적인 생각을 하게 해준다. 그리고 우리에게 항상 움직일 수 있는 긍정적 생명력을 제공해준다.


몇 해 전까지만 해도 내게 열정이라는 단어는 아무런 의미도 없는 그저 딱딱한 두 글자에 불과했다. 그러나 그 딱딱한 두 글자에 의미를 부여하고 생명력을 불어넣기 시작하자 열정이라는 단어가 살아 움직이기 시작했다.

34세에 나는 유방암 진단을 받고 수술대에 올라야 했다. 그것은 26살 때 갑상선암에 이어 내게 찾아온 두 번째 암이었다. 다행히 모두 초기였지만, 그래도 암이라는 존재는 그 자체만으로도 공포가 된다.

젊은 나이에 남들은 평생에 한 번이나 겪을까 말까 한 무서운 일을 나는 한 번도 아닌 두 번이나 겪으면서 내 삶을 되돌아보지 않을 수 없었다.

당시 내가 지내온 세월을 곰곰이 되짚어 생각해보니 내 삶에는 뜨거운 무언가가 없었다. 그저 지난 일에 연연해하고 눈앞에 닥친 일에 급급해하며 아등바등 열심히 산 것 밖에는….

어떻게 생각하면 내 삶은 평범함 그 자체였다. 늘 육신은 깨어 바쁘게 움직이고 있었지만, 정신은 잠재워 두고 있었다. 나는 그동안의 나에게 무척 미안한 생각이 들었다. 나 자신을 위해 가슴 뛰는 일을 하려 하지도, 할 생각도 하지 않았기 때문이다.

그때부터 나는 잠들어 있던 정신을 깨우고 내면에 잠재되어있는 나를 찾기 위해 노력했다. 내가 무엇을 좋아하는지, 무엇을 하고 싶어 하는지, 무엇을 해야 하는지 등을 끊임없이 생각했다. 그리고 그동안에 가졌던 영양가 없는 걱정 대신 마음속에 열정을 품고 내가 하고자 하는 일, 하고 싶은 일에 조금씩 열정을 채우기 시작했다.

나는 그 열정이 혹시나 식을까 염려되어 하루에도 몇 번씩 간절함을 담아 '열정'을 외쳤다. 그렇게 외쳤던 열정은 조금씩 내 마음속에서 살아 움직이며 꿈틀대기 시작했고 내 꿈을 이루는데 든든한 밑거름이 되어 주었다.

미국의 유명한 광고인이었던 브루스 바튼은 열정에 대해 이렇게 말했다.

"자신의 마음을 도전에서 성공으로 이끄는 것은 오직 열정이다. 열정 없는 삶은 지루함, 나태함, 아무 의미 없는 삶이다. 만약 당신의 아들, 딸에게 단 하나의 재능만을 줄 수 있다면 열정을 주어라!"

누군가에게서 '열정적이다.' 라는 말을 들으면 나는 왠지 기분이 좋다. 내가 쉬지 않고 움직이고 있으며 깨어있다는 생각이 들기 때문이다. 열정적인 삶을 산다는 것은 상당히 흥분된 일이 아닐 수 없다. 열정은 따분하고 지루한 삶에 활력을 불어넣어 주고 부정적인 생각을 긍정적으로 바꾸어 주는 마력을 가지고 있다. 또한, 열정은 성공이라는 열매도 함께 가져다준다.

티베트의 속담처럼 꼬리에 꼬리를 무는 무의미한 걱정은 이제 그만 해야 한다.

"걱정을 해서 걱정이 없어지면 걱정이 없겠다."

사람에게는 누구나 성공해야 할 이유가 분명히 있다. 당신도 예외는 아니다.

"그동안 당신이 지었던 한숨과 걱정, 근심 같은 부정적 습관은 이제 과감하게 던져 버려라. 그리고 진정으로 당신의 가치를 높이고 성공하고 싶다면 용광로처럼 뜨거운 열정을 가슴에 품길 바란다."

# 꿈부터 다시 쓰고,
# 생생하게 그려라

멋진 집을 지으려면 무엇보다 설계도가 필요하다. 물론 설계도 없이 막연한 생각만으로도 집을 지을 수는 있다. 그러나 설계도가 없으면 중간에 집짓기를 멈추거나 포기해야 하는 일이 생긴다. 눈에 보이는 구체적인 도면이 없기 때문이나.

이와 마찬가지로 우리가 꾸는 꿈 또한, 직접 내 손으로 써보고 구체적으로 그려서 그것을 상상해 보아야 한다. 설계도면도 없이 집을 짓다가 포기해야 하는 것처럼, 꿈을 구체화하지 못하는 사람 또한, 그 꿈을 이룰 수 없다. 그런 사람들은 기회가 와도 잡지 못한다. 뜬

151

구름 잡기식의 꿈만 꾸기에 자신에게 정작 무엇이 필요한지를 알지 못하기 때문이다.

요즘 자기계발서에 빠지지 않고 나오는 내용 중 하나가 바로 '꿈'에 관한 것이다.

그들은 아주 구체적인 것을 요구한다.

**"꿈을 이루기 위해서는 반드시 쓰고, 말하고, 상상하라!"**

다시 말해 꿈을 '시각화'하라고 강조하는 것이다.

이것은 세계적인 뇌 의학자들도 공통으로 강조하는 부분이다. 그들은 생각을 시각화하면 그것이 실체화된다는 것을 이미 경험했다.

세계적인 화장품 회사로 유명한 에스테 로더사의 창업주 에스테 로더는 젊은 시절 어느 미용실에 들렀다가 부잣집 여성으로부터 모욕을 당한다. 에스테 로더는 귀부인이 입고 있는 옷을 보고 부러워하며 구입처를 묻자 귀부인은 에스테 로더를 위아래로 한번 훑어보더니 비아냥거리듯 말을 한다.

"자네같이 가난한 사람은 평생 손도 대지 못할 비싼 옷이야!"

에스테 로더는 붉어진 얼굴로 대꾸도 하지 못한 채 미용실을 뛰쳐나오며 앞으로 원하는 것은 무엇이든 가질 수 있는 사람이 되겠다고 다짐을 한다.

그 후 에스테 로더는 자신의 꿈을 시각화하기 시작했다. 삼촌의 도움으로 화장품을 만들어 팔던 때의 일이다. 에스테 로더는 뉴욕의 삭스핍스 에바뉴 백화점 입점을 꿈꾸지만, 매번 거절을 당한다. 이름도 없는 영세한 곳에 대형백화점의 매장을 선뜻 내어줄 가능성은 거의 없었다.

그러나 그녀는 자신이 만든 화장품 샘플을 백화점 앞에서 고객들에게 나눠주며 '백화점에 입점해 어마어마한 매출을 올리는 상상'을 생생하게 했다. 그리고 그가 생생하게 상상한 꿈은 현실이 되었다. 자신의 꿈을 생생하게 그려내는 습관이 자신의 목표를 달성하는 데 강력한 힘이 된 것이다.


꿈은 구체적으로 시각화하지 않으면 한낱 몽상에 그치고 만다. 결국, 그 꿈은 막연한 것, 이루어 질 수 없는 것, 환상적이고 비현실적인 것이 되는 것이다.

흔한 예로 새해가 되면 사람들은 새로운 각오나 다짐을 한다. 그러나 사람들이 했던 대부분의 각오나 다짐은 작심삼일로 끝나버리는 경우가 허다하다. 이유는 간단하다. 말 그대로 다짐만 했기 때문이다. 이처럼 사람들이 방법을 바꾸려 하지 않는다면 아무리 새로운 다짐을 한다고 해도 매년 실패하는 일만 반복하게 될 것이다.


『당신의 소중한 꿈을 이루는 보물지도』의 저자 모치즈키 도시타

카는 자신의 책을 통해 꿈을 이루고 싶다면 나만의 보물 지도를 꼭 만들어 보라고 권한다. 커다란 종이나 보드에 자신의 꿈을 써넣고, 자신이 꿈꾸는 이미지와 사진 등을 붙여 잘 보이는 곳에 걸어두라는 것이다. 저자는 매일 그것을 바라보며 생생하게 꿈꾸고 상상하면 반드시 꿈을 이룰 수 있다고 말한다.

예전처럼 무작정 머릿속으로 꿈만 꾸던 때와는 다르다. 요즘 현명한 사람들은 꿈을 이루기 위해 매우 적극적으로 움직인다. 성공에 관한 책을 보거나 성공한 사람들의 행동 하나하나까지도 세심하게 관찰한다.

그리고 거기서 찾아낸 노하우는 자기만의 방식으로 바꾸어 자기 것으로 만들기도 한다. 보고, 듣고, 배우고, 느끼는 것 그대로를 자기 것으로 만들고자 부단히 애를 쓰는 것이다. 이렇듯 꿈을 이루기 위해서는 구체적이고 현실적인 노력을 해야 한다.


『마흔, 당신의 책을 써라』, 『10년 차 직장인, 사표 대신 책을 써라』의 저자 김태광 작가는 37세의 젊은 나이에 여러 장르의 책을 무려 127권이나 펴냈다.

가난 때문에 안 해본 일이 없다던 그는 20대 후반에 작가가 되기 위한 꿈을 꾸었다. 그리고 지금은 그 꿈을 당당히 이루어 책 쓰기 코칭 및 책 쓰기 강연까지 하며 누구보다 하루를 바쁘게 산다.

그런 그 또한, 자신의 꿈을 위해 오래전부터 끊임없이 상상하며 원하는 것을 구체적으로 시각화했다고 한다. 원하는 자동차나 갖고 싶은 물건이 있으면 그것의 사진을 구해서 잘 보이는 곳에 붙여 두었고, 이루고자 하는 꿈은 종이에 기재해 몸에 지니고 다니는 등 쉬지 않고 시각화를 해왔던 것이다.

요즘 주변 사람들로부터 천재작가라 불리는 그는 결과적으로 시각화를 통해 작가라는 꿈을 이루었고 책 쓰기로 자신의 운명을 바꾸었다.

얼마 전 김태광 작가는 자신이 운영하는 네이버 카페〈한국책쓰기코칭협회〉를 통해서 그가 지갑 속에 넣어 다니던 비전선언문을 공개한 적이 있다. 지갑 크기에 맞게 접힌 비전선언문은 작성된 지 7년 정도 되었다고 한다.

공개된 비전선언문에는 베스트셀러 작가되기, 매년 12권 이상의 책 출간, 책 쓰기 동기부여 강사 되기 등 총 7가지의 내용이 적혀 있었다. 이제는 너무 오래되어 접힌 부분이 찢길 정도로 너덜너덜해져 있었지만, 나는 적힌 내용을 보고 깜짝 놀라지 않을 수 없었다. 그가 공개한 비전선언문은 객관적으로 판단했을 때 이미 대부분 이루어진 것들이었기 때문이다.

그동안 책으로만 읽고 말로만 듣던 시각화의 효과를 직접 보게 된 것이다. 시각화를 통해 꿈을 이루고 성공한 그를 보면서 마냥 신기하고 놀라웠다. 그리고 '아! 저렇게 하면 꿈은 반드시 이루어지는구나!' 하는 새로운 희망과 '나도 할 수 있다!'라는 확신을 가지게 되었다.

최근에 나는 드림리스트를 새로 업그레이드했다.

- 자기계발을 위해 매년 100권 이상 독서를 한다.
- 매년 1권 이상의 책을 쓴다.
- 베스트셀러 작가가 된다.
- 선한 영향력을 주는 동기부여가 된다.
- 1인 기업가가 된다.
- 아프리카 봉사활동에 참여한다.
- 세계명산 세도나에 간다.
- 나만의 서재를 갖는다.
- 강원도 평창에 전원주택을 짓고 산다.
- 남편에게 고급 승용차를 선물한다.
- 1년에 한 번 장기여행을 한다.
- 레크리에이션 강사가 된다.
- 모교에서 저자 강연을 한다.

나의 드림리스트는 앞으로도 계속 추가될 것이다. 그리고 5년 이내, 10년 이내를 계획으로 차근차근 이루어 나갈 것이다.

꿈을 구체적으로 시각화하면 그 꿈은 반드시 현실이 된다. 성공한 사람들은 이미 그 원리를 알고 실천하고 있다. 당신의 인생도 지금 당신이 쓰는 꿈에 의해 새롭게 변화할 수 있다. 그것은 분명 가까운 미래에 당신의 인생 방향도 바꾸어 놓을 것이다.

부끄럽고 쑥스럽다며 자신의 꿈을 절대로 마음속에만 숨겨두거나 묻어두지 마라. '내 형편에 꿈은 무슨', '꿈은 아무나 이루나?',

'꿈은 말 그대로 꿈일 뿐이야!'라고도 생각하지 마라. 자신의 꿈을 위해 적극적으로 행동하고 긍정적으로 생각하라. 당신의 꿈을 이루기 위한 성공 열쇠는 바로 당신 손안에 놓여있다.

그동안 잊고 있었거나 묻어두었던 꿈을 꺼내어 하나씩 적어 보자. 그리고 앞으로 그것을 시각화하라. 냉장고, 식탁 테이블, TV, 컴퓨터모니터, 책상, 자동차, 수첩, 핸드폰, 지갑, 가방 등 어느 곳이라도 좋다. 집안에서 오며 가며 매일 들여다보고 집 밖에서도 수시로 꺼내보면서 미래의 당신 모습을 머릿속에 생생하게 그려보라. 그 실천만으로도 당신의 꿈은 이루어질 수 있다.

# 핑계뿐인 삶을
# 살지 마라

사람은 누구나 '핑계'라는 것을 방패로 자신을 방어하며 산다. 다시 말해 핑계라는 것을 자신의 보호막으로 사용하는 것이다.

비겁해 보이기는 하지만 자신의 행동이나 생각을 정당화하기에는 핑계만 한 것이 없다고 생각한다. 그리고 사람들은 지금 이 순간에도 수많은 핑계와 함께하고 있다.

"시간이 없어서", "돈이 없어서", "건강하지 않아서", "대학을 안 나와서", "운이 없어서", "나이가 많아서", "장애가 있어서", "키가 작아서", "얼굴이 못생겨서", "뚱뚱해서", "인맥이 부족해서", "공부를 못해서", "임신해서", "아이가 어려서", "아줌마여서"….

이렇듯 우리는 오늘도 수많은 핑계를 찾아 헤매느라 정신이 없다. 하기 싫은 일이 있으면 그에 맞는 핑계를 찾아야 하고, 못 하는 일, 잘못한 일, 실수한 일이 있을 때에도 어김없이 자신을 합리화하기 위한 핑곗거리를 찾아내야 한다.

이런 말이 있다.

"하고 싶은 일은 방법이 보이고, 하기 싫은 일은 핑계가 보인다."

한 가지 문제를 놓고 해결할 방법을 찾아내느냐, 해결할 수 없는 핑곗거리를 찾느냐에 따라 그 결과는 당연히 차이가 생긴다. 방법은 도전을 부추기지만, 핑계는 도전의 길을 차단하기 때문이다.

만약 당신이 현재 속해있는 모임에서 자신이 평소 해보지 않았던 영역의 일을 맡게 되있다고 생각해 보자. 우리는 아마도 다음과 같은 4가지의 결단 중 한 가지를 선택하게 될 것이다.

첫째, 할 수 있다.
둘째, 어렵지만 해보자.
셋째, 할 수 없다.
넷째, 하고 싶지만 하지 못한다.

'생소한 일이지만 호기심도 생기고 내 발전에 많은 도움이 될 것 같아!', '처음 해보는 일이라 힘들겠지만, 그래도 한번 해보자!'라는 생각을 한 사람이라면 첫 번째나 두 번째 결정을 할 것이다.

그러나 자신에게 능력 밖의 일이라 생각하고 두려워하거나, 그 일 자체를 하기 싫어하는 사람이라면 당연히 세 번째를 선택한다. 또 하고 싶은 마음은 있으나 자신의 능력이나 여건이 안 된다 생각하는 사람도 있다. 그런 사람은 네 번째를 선택하며 그 일에 미련이나 아쉬움을 남긴다. 그리고 그들은 너무도 능숙하게 적절한 핑계를 대며 정중히 거절의사를 표시한다.


어느 곤충학자의 연구 결과에 따르면 개미는 자기 무게의 60배나 되는 먹이를 이동할 수 있는 능력이 있다고 한다. 자기보다 몸집이 훨씬 커다란 죽은 곤충들을 무리 없이 운반하는 이유도 어쩌면 그러한 능력 때문일 것이다. 이렇게 작은 곤충들도 엄청난 능력을 갖추고 있는데 하물며 인간으로 태어난 우리는 어떠할까, 당연히 그보다 더한 능력을 갖추고 태어났음은 분명한 사실이다. 다만 우리에게 주어진 능력을 어떻게 찾아내고 발전시키느냐의 문제를 심각하게 고민하거나 생각하지 않을 뿐이다.


세계를 돌아다니며 사람들에게 꿈과 희망을 주는 행복전도사 닉 부이치치는 1982년 12월 호주에서 태어났다. 닉 부이치치는 태어날 당시 팔과 다리가 없고 아주 작은 왼발만 가지고 있었다. 머리와 몸통만 있고 거기에 다리도 없이 한쪽 발만 있었던 것이다.

그렇게 남들과 다른 모습을 한 닉은 어려서부터 친구들에게 손가락질받고 놀림을 당할 수밖에 없었다. 그러한 과정에서 그는 희망 대신 절망을 먼저 배워야 했다. 삶의 의미를 찾지 못한 그는 나약한 마음과 절망에 빠져 10살 때 집 욕조에서 자살을 시도하기도 했다. 그 후 닉은 신앙의 힘으로 자신의 정체성을 찾기 시작했다고 한다. 그러면서 자신감을 키워 나갔고 새로운 것에 끊임없이 도전도 했다. 그러다 보니 어느 순간부터는 친구들과 주변 사람들에게 사랑받고 존중받는 존재가 되었다고 한다.

닉은 수영, 축구, 낚시, 윈드서핑, 골프 등 다양한 스포츠를 즐긴다. 불가능할 것으로 믿었던 일들을 닉은 보란 듯이 하고 있다.

닉은 어느 한 강연장에서 이와 같은 말을 했다.

"저는 '이건 할 수 없어, 저것도 할 수 없어!' 라고 생각했던 적이 있었어요.
우리는 계속 있었으면 하는 것이나, 없었으면 하는 것만 바라보며 자신이 가진 것에 대해서 어느 순간 잊기 시작합니다.
내 인생에서 '팔다리가 있었으면…, 팔 다리가 있었으면….' 하고 되뇌는 것은 인생에 아무런 도움을 주지 못했어요.
최고의 장애는 당신 안에 있는 두려움입니다.
여러분이 능력이 안 된다는 것은 거짓말이에요.
아무런 가치도 없다는 생각은 거짓이에요."

사람의 능력은 무한하다. 우리가 하고자 마음만 먹으면 무엇이든 할 수 있고, 멋지게 해낼 수 있는 힘이 있다. 그러나 우리는 자신의 능력을 믿지 못하고 의심하며 너무 쉽게 포기해 버린다.

"나에게는 그런 능력이 없어!"
"나는 능력이 안 돼서 그것을 할 수가 없어!"

사람들은 해보지도 해보려 하지도 않고, 안 되는 것 하지 못하는 것만 찾아내는데 너무나 익숙해져 있다.

최근 온라인, 오프라인을 통해 활발한 활동을 하고 있는 〈책 쓰기 코칭협회〉가 있다. 그 협회 회원들의 활동 모습을 보면 그들이 스스로 얼마나 열정적인지를 엿볼 수 있다. 그들에게는 구차한 변명이나 핑계 따위는 절대로 통하지 않는다.

직장인이 많은 관계로 책 쓰기 코칭협회 특강은 대부분 주말에 이루어진다. 주말에는 대부분 사람들이 야외로 놀러 다니거나 집에서 한가하게 낮잠을 즐기며 여유를 부린다. 그러나 그들은 꿈을 가슴에 품고 그 자리에 나오는 것이다. 멀리 대구나 부산 제주도 심지어는 해외에서까지도 서울로 특강을 들으러 찾아오는 것이었다. 거리는 그렇다 해도 출산을 앞둔 만삭인 임산부와 아이를 낳은 지 얼마 되지도 않은 신생아를 둔 엄마들도 심심치 않게 볼 수 있었다. 또 부산에서 올라온 한 여성은 남편의 월급 150만 원으로 아이 셋을 키우고 있다고 했다. 그녀는 아이들 학원비는 물론 생활비도 빠듯할 텐데 자신의 꿈을 위해 하루 특강료 16만 원을 들였다.

그들에게는 거리, 시간, 환경, 금전 등 어느 것 하나도 핑계가 될 수 없었다. 나는 그들을 보면서 그동안 내가 얼마나 많은 핑곗거리로 나를 포장하며 살아왔는지 알 수 있었다.

그들도 남들 보기에 너무도 합당한 핑곗거리가 분명히 있었다.

"너무 멀어요.", "시간이 없어요.", "출산일이 얼마 남지 않아서 몸이 무거워요", "젖먹이 아이 때문에 움직일 수 없어요.", "가정형편이 어려워서 할 수가 없어요." 등….

만약 그들이 이러한 핑계를 끌어와 하지 않으려 했다면 자신을 발전시킬 수도 작가의 꿈을 이룰 수도 없었다. 이미 자신을 핑계라는 상자에 '할 수 없어!'라는 결론을 담아 포장해 버렸을 테니 말이다. 그러나 그들은 핑계 속에 자신의 꿈을 가두려 하지 않았다.

말하건대 '능력'이라는 것은 나에게 없는 것도 아니고, 있는데 할 수 없는 것도 아니다. 단지 자기 스스로 게으르고 소극적인 자세로 능력 없는 사람이 되기를 자저하는 것이다. 우리보다 훨씬 불리한 신체조건을 가지고 태어난 닉 부이치치에 비하면 우리는 정말 많은 능력을 갖추고 태어났다. 그러므로 신체적, 심리적, 물질적, 환경적, 물리적인 것 등을 핑계 삼아 부정적인 생각을 담아내며 자신을 위축시키지 않아야 한다.

# 나만의
# 롤 모델을 정하라

여섯 살 난 여자아이가 화장대 앞에 앉아 화장을 한다. 얼굴에는 파우더, 입술에는 빨간 립스틱. 세상에나! 눈에 바르는 세도우도 빠뜨리지 않았다. 그 녀석 그동안 엄마가 화장하는 모습을 정말 제대로 잘 관찰했다.

비록 서툰 솜씨라 파우더가 지나간 자리는 밀가루를 바른 듯 하얀 얼굴에 정교함이 부족한 탓인지 립스틱은 입술경계선을 넘어도 한참을 넘어섰다. 마치 쥐라도 잡아먹은 듯 입 주변은 시뻘겋고, 또 눈은 어디서 한 대 얻어맞고 오기라도 한 듯 새파랗게 멍든 모습이다.

그렇게 화장이 끝난 꼬마 숙녀는 현관 앞으로 달려가 엄마의 뾰족구
두를 신고는 뒤뚱뒤뚱 걸으며 엄마에게 묻는다.



꼬마 아이에게 엄마는 따라 하고 싶은 존재, 좀 거창하게 말하자
면 꼬마 아이의 롤 모델이다. 엄마와 붙어 있는 시간이 아무래도 다
른 사람들에 비해 많다 보니 잠깐이나마 엄마는 아이에게 본의 아니
게 롤 모델이 되는 경우가 많다.

이것은 우리가 비슷한 연령대에 한 번씩은 다 해보고 똑같은 상상
을 했던 일이다. 우리도 그맘때 엄마의 화장한 모습이 예뻐 보였고,
하이힐을 신고 우아하게 걷는 모습이 마치 공주님처럼 아름다워 보
였다. 그래서 그런 엄마의 모습을 그대로 닮고 싶고, 되고 싶은 자기
의 마음을 숨기지 않고 그대로 따라서 표현했다.

꿈을 이루기 위해서는 자신의 의지와 노력도 중요하지만, 그러한
것들을 이끌어나갈 수 있도록 안내해주는 정신적인 지주도 반드시
필요하다. 롤 모델은 바로 그러한 역할을 도와준다. 롤 모델은 어디
로 가야 하는지, 어떻게 가야 하는지를 쉽고 빠르게 안내해준다.

새로운 길에 대한 낯설음과 막막함으로 헤매고 있을 때 롤 모델을

통하여 그들의 시련과 실패를 거울삼을 수 있다. 이미 나보다 앞서 나간 사람이기에 그 사람이 지나온 길을 보며 무엇보다 시행착오를 최대한 줄일 수 있는 이점이 있다. 그러다 보니 아무래도 쉽고 빠르게 새로운 것을 창조해나가면서 더 좋은 방향으로 성공할 수 있는 확률도 커지는 것이다.

사람들은 롤 모델을 정하는 데 있어서 기준을 당연히 위인이나 국내외 유명인사 등 큰일을 했거나 사회적으로 이름만 대면 알 만한 유명한 사람이어야 한다고 생각한다. 그리고 대부분 그런 사람들을 자신의 롤 모델로 정하려 한다.

그러나 나는 롤 모델을 될 수 있으면 주변에서 찾는 편이다. 이유는 그들을 가까이에서 보고 듣고 느끼며 직접 가르침을 받을 수 있기 때문이다. 그러한 롤 모델은 아무래도 나에게 현실적으로 다가오기 때문에 크고 작은 것들을 옆에서 보고 배우면서 직, 간접적으로 자극이 되고 활력이 된다.

사람마다 생각이나 삶의 방식이 다르다 보니 자신의 롤 모델을 정하는 기준이나 방식도 각각 다르다. 이름만 대면 알만한 유명한 사람을 고집하는 사람도 있고, 자신의 되고자 하는 사람과 업종이나 직업은 다르지만, 그 사람의 결과보다는 과정을 롤 모델로 삼는 사람도 있다. 또 사람들의 장점 어느 한 부분씩만을 찾아내어 여러 사람을 롤 모델로 정하는 경우도 있다. 이렇듯 롤 모델을 정하는데 규정이나 법칙은 당연히 없다. 다만 정하는 사람의 기준과 판단에 따라 자신의 롤 모델이 달라질 뿐이다.

나의 경우 롤 모델은 될 수 있으면 주변에서 찾되 롤 모델을 정하는 데에는 나름대로 기준을 두고 정한다.

**첫째, 항상 열정이 있는 사람이어야 한다.**

아무리 유능한 사람일지라도 열정이 식어버리면 삶이 무료해지고 의욕도 없어진다. 어떻게 보면 열정이 없는 삶은 죽어있는 삶이나 마찬가지이다. 안타깝게도 그 기운은 옆에 있는 사람에게까지도 그대로 전해지기 때문에 오히려 나에게 악영향을 끼칠 수도 있다.

**둘째, 끊임없이 배우고자 하는 사람이어야 한다.**

사람이 인생을 사는 데 있어 배움은 끝이 없다고 한다. 어떤 사람은 인생 자체가 배움이고 학교 다닐 때 할 만큼 충분히 했다며 공부와는 담을 쌓고 사는 사람들을 자주 본다. 물론 그늘이 수상하는 것도 맞다. 살면서 굳이 의도하지 않아도 자연적으로 알게 되는 배움이란 게 분명히 있으니까 말이다.

보통 사람들은 자신이 어느 정도의 위치에 오르면 배울 만큼 배웠다고 자부하거나 으스대고 배움을 멈추어 버린다. 나는 그런 사람보

다는 자신의 부족함을 배움을 통해 수시로 채우고 가치를 높이기 위
해 의식적으로 공부하고 배우고자 하는 사람을 좋아한다.

**셋째, 변화와 도전을 두려워하지 않는 사람이다.**

두려움이 많은 사람은 성공할 수 없다. 두려움 자체가 변화를 저
지시키고 도전하는데 장해물이 되기 때문이다. 변화를 두려워하는
사람은 안주하는 삶을 살 수밖에 없다. 아니, 그것은 안주하는 삶이
아니라 도태되는 삶을 살게 되는 것이다. 또 도전 앞에 용기가 없어
소극적인 삶을 살게 된다는 것은 발전 없는 삶을 사는 것과 마찬가
지이다.

**넷째, 겸손을 겸비한 긍정적인 사람이어야 한다.**

아무리 세상이 자신을 브랜딩 하는 시대라 하더라도 도가 지나치
면 거부감이 생기기 마련이다. 그 거부감이 때로는 본인의 가치도
떨어뜨리게 한다. 성공한 사람치고 부정적인 생각을 하는 사람은 거
의 보지 못했다. 무엇이든 '할 수 있고, 하면 된다.' 라는 적극적이고
긍정적 사고방식을 가졌기에 성공했고 자신의 꿈을 이루었다고 생
각한다.

성공한 유명인 중에 네 가지 조건을 전부 갖춘 사람을 찾는 일은

그리 어려운 일이 아니다. 어쩌면 성공의 기본 조건이기도 해서 성공한 사람들이라면 전부 갖추고 있을 테니 말이다. 그러나 주변에서 그런 사람을 찾기란 결코 쉬운 일이 아니다. 혹시 그런 사람이 주변에 있다면 놓치지 말고 자신의 롤 모델로 정하라고 꼭 말해주고 싶다.

비록 자신의 진로나 꿈과는 맞지 않는 사람일지라도 그 사람은 성공하기 위한 필수 조건을 전부 가지고 있는 사람이다. 그리고 그런 사람이 자신의 주변에 있다는 것은 그야말로 행운이 아닐 수 없다. 옆에서 직접 보고 배우며 현실적인 조언과 격려를 받을 수 있기 때문이다.

나에게도 네 가지 조건을 전부 갖춘 사람이 딱 한사람 있다. 15년 전 직장생활을 하면서 알게 된 J라는 언니이다. 그녀는 현재 건설회사에서 근무 중이다. 언뜻 보기에 그녀는 특별할 것 없는 우리와 같은 워킹맘이다.

그러나 그녀에게는 사람을 리드하는 엄청난 힘이 있다. 그 엄청난 힘은 위에서 말한 네 가지 조건을 전부 가지고 있다 보니 저절로 리드하는 능력까지 생긴 듯해 보인다. 그 언니는 무언가를 배우려 늘 끊임없이 노력한다. 그리고 자신이 하고자 하는 일, 하고 싶은 일에는 거침없이 도전장을 내밀고 그곳에 열정을 쏟는다. 유머감각까지 갖추고 있는 그녀는 긍정적인 에너지까지 발산하며 주변 사람들에게 항상 즐거움을 선사한다.

그녀와 내가 이루고자 하는 꿈은 서로 다르지만, 쉼 없이 꿈틀대는 그녀를 보면서 자극을 받는다. 내가 혹여 나태해졌다 싶으면 은근슬쩍 옆구리 툭 쳐주고 분발할 수 있게 열정을 불어넣어 준다. 그녀는 나를 항상 움직이게 하고 성장할 수 있게 해준다. 나의 롤 모델이자 멘토 역할까지 톡톡히 해주는 셈이다. 이렇듯 당신도 옆에서 실질적인 도움을 받고 가슴을 뛰게 하며 자신을 움직이게 해줄 롤 모델이 있어야 한다.

롤 모델은 당신을 움직이게 하는 밑거름이 되어 준다. 그리고 롤 모델은 당신이 성장하고 발전하는 데 있어서 든든한 지름길이 되어 줄 것이다.

# 자신과
# 타협하지 마라

"꿈을 이루려면 중간 지점이나 평범함과 타협해선 안 된다.
자신이 갈 수 있다고 생각하는 것보다 훨씬 더 먼 곳까지 계속 밀고 나간다면,
가슴에 품은 꿈을 이룰 수 있다."
_에스테 로더

성공한 CEO나 운동선수, 예술가 등 자신의 분야에서 최고의 자리
에 오른 사람들의 성공 일면을 들여다보면 그들은 자신과 타협하는
삶을 살지 않았다는 것이다.

독일 슈투트가르트 발레단 최고의 수석 발레리나이자 현존하는

171

현역 최고령 발레리나인 강수진은 이미 세계적인 최고의 발레리나이다. 최근 '20대 여성이 가장 존경하는 여성 1위, CEO들이 뽑은 13시간 미국행 비행기 옆자리에 앉고 싶은 여성 1위'로 선정된 바 있는 그녀는 저서 『나는 내일을 기다리지 않는다』에서 이런 말을 했다.

"오늘은 이만하면 됐고, 내일 다시 한번 해 보지.' 또는 '오늘 못했으니까 내일 몰아서 한꺼번에 하지.'라고 생각하며 나의 오늘을 내일로 스스럼없이 양보하기 시작할 때 그런 하루들이 모여서 그 사람이 자신의 예술인생에 종지부를 찍게 하는 것이다.
나는 내일을 믿지 않는다. 대신 오늘, 지금 바로 이 순간이 내가 믿는 유일한 것이다. 나는 항상 '내일 뭔가 대단한 사람이 될 거야!'라며 떠들고 다니는 것보다, '오늘, 지금 당장 뭘 해야 할까?'를 고민하는 데 조금 더 생각을 기울이는 것이 낫다고 생각하며 살아왔다."

한때 세계적인 발레리나 강수진의 발이 네티즌 사이에 화제가 된 적이 있다. 그 사진 속에 보인 그녀의 발은 발톱이 뭉개져 있었고, 발가락마다 굳은살이 험하게 박여있었다. 마치 희귀병을 앓고 있는 사람의 발처럼 그녀의 발은 징그럽고 볼품없었다.

그녀는 세계적인 발레리나가 되기까지 매일 하루 10시간에서 많게는 19시간을 연습에 매달렸다고 한다. 그러다 보니 헤져서 버려지는 토슈즈도 한해에 천 켤레 정도 된다. 기형처럼 변해버린 그녀의 발은 이러한 피나는 연습에 따른 훈장과도 같은 영광의 상처였다.

그녀는 흉한 그녀의 발에 대해 묻는 어느 한 인터뷰에서 이러한 말을 했다.

"사람들은 대부분 최선을 다하지 않는 것 같아요. 80% 정도는 노력을 하고 나머지 20%는 자신과 타협을 하고 말죠. 하지만 저는 타협하지 않고 나머지 20%도 연습으로 채웠습니다."

세계 각국의 내로라하는 발레리노들은 강수진과 파트너가 되기를 열망한다. 만약 그녀가 자신과 타협하는 삶을 살았더라면 어떠했을까? 발레리나가 되었을지는 몰라도 이렇게 세계적으로 유명한 최고의 발레리나가 되지는 못했을 것이다.

성공의 가장 큰 적은 바로 자신과 타협하는 자기 자신이다. 아무리 좋은 계획과 꿈이 있다고 해도 자기 자신과 타협하기 시작하면 그 꿈은 성공할 수 없는 길로 빠져들게 된다. 그녀는 자신의 빛나는 꿈을 위해 자기 자신과 타협하지 않았고 피나는 노력과 끊임없는 도전으로 세계 최고의 자리에 오를 수 있었다.

이제껏 나는 대부분 삶을 나 자신과 타협하며 살아왔다. 쉽고 편하게 지내고자 하는 생각이 무엇보다 컸다. 타협은 나에게 점점 안주하는 삶을 살게 하였고 그러다 보니 소망하는 꿈과는 조금씩 멀어져만 가게 되었다. 그동안 악마의 달콤한 유혹에 나의 꿈을 저당 잡히고 있었다.

그러나 언제까지 내 꿈을 악마의 유혹에 현혹당하며 내어주고 살수만은 없었다. 앞으로도 계속 그렇게 산다면 손해 보는 사람은 결국, 나 자신이기 때문이다.

'늦었다고 생각했을 때가 가장 빠른 때'라고 나는 그동안 달콤한 유혹에 저당 잡혔던 '작가'라는 꿈을 끄집어내기 시작했다. 그리고 그 꿈을 위해 하루 4시간씩만 잠을 청했다. 주말에는 필요한 공부를 위해 서울을 오가며 아낌없이 시간투자도 했다.

처음 몇 달간은 힘들다기보다는 재미있고 행복했다. 그러나 차츰 시간이 지나면서 마음 한쪽 구석으로부터 "힘들면 포기해도 돼!"하는 타협의 소리가 들려오기 시작했다. 나 자신과의 싸움이 시작된 것이다. 시간이 지날수록 마음속에서는 하루에도 수십 번씩 천사와 악마의 속삭임이 나를 갈등하게 하였다.

> "그깟 꿈이 뭐라고 이런 고생을 사서하고 그래? 다니고 있는 회사나 열심히 다녀!"
> "몸 상태도 좋지 않은데, 핑계 대고 포기해! 그래도 누가 뭐라 할 사람 아무도 없잖아!"
> "워킹맘으로 사는 것만으로도 이미 너는 충분해!"

그것은 언제나 내 주변을 맴돌고 있다가 내가 나태해지거나 나약해 질 때쯤이면 어김없이 내 마음속을 비집고 들어왔다. 그리고는 타협하자고 나를 재촉했다.

나는 더는 내 마음속에서 꿈틀대는 부정적 속삭임과 타협할 수 없었다. 타협하는 순간 나는 부정적 속삭임에 지는 것이고 더불어 내 꿈은 물거품처럼 사라지리라는 것을 알았기 때문이다.

나의 꿈을 이루는 데 중요한 것 중 하나는 달콤한 유혹을 뿌리치는 것이었다. 나는 중간에 얼마든지 포기할 수 있었고 자기 합리화할 수 있는 핑곗거리도 분명 많았다. 그러나 결코 그렇게 하지 않았다. 왜냐하면, 꿈을 꼭 이루고 싶었고 무엇보다 지금까지 내 마음을 지배해온 부정적 속삭임을 꼭 한번 이겨보고 싶었다.

내가 만약 타협하는 삶을 계속 살고자 했다면 나는 분명 내가 이루고자 했던 작가의 꿈을 이루지 못했을 것이다. 그러나 나는 내 꿈을 방해하려고 덤비는 나 자신과의 타협에서 당당히 이겨냈고, 그 대가로 '작가'라는 꿈도 계속 꿀 수 있게 되었다.

자기의 꿈을 이루어 내고, 자신의 분야에서 최고의 자리에 오른 사람들은 말한다.

세상과 또는 타인과의 타협은 미덕이 될 수 있고 배려가 될 수 있다. 그러나 자신과의 타협은 자기합리화이고 자신에 대한 포기일 뿐이다.

'오늘은 너무 피곤해.', '이번 한 번만.', '오늘만 좀 건너뛰면 어때.', '오늘 못 한 거 내일 두 배로 하면 되지!' 등… 이런 식으로 타협하기 시작하면 누구보다 내 몸이 쉽고 편하다.

그렇다고 그 편안함에 빠져서는 안 된다. 계획한 일을 미루기 시작하고 게으름이 내면에 자리 잡기 시작하면 좋은 결과는 얻을 수 없기 때문이다. 언제까지나 편안함과 안정된 삶만 바라고 살 수는 없다. 그동안의 나약했던 자기 자신을 버리고 새로운 '나'로 다시 태어나야 한다.

# 포기하고 싶은
# 마음을 포기하라

누구나 성공을 이루기 전에 많은 일시적 패배와 몇 번의 실패를 겪는다.
패배가 찾아왔을 때, 가장 논리적이고도 쉽게 취할 수 있는 조치는 '포기'다.
그것이 바로 대다수 사람이 취하는 조치다.
그리고 그것이 바로 대다수 사람이 평범한 사람으로 남는 이유다.
_| 나폴레온 힐

인간은 하루에도 몇 번씩 도전에 대한 가능성을 생각하기보다는
너무 쉽고 단순하게 '포기'라는 것을 선택해 버리고 만다. 그러나
성공한 사람들이나 지금도 열심히 성공을 꿈꾸며 도전하는 사람들



177

을 보면 그들은 포기라는 것을 결코 쉽게 선택하려 하지 않는다. 아니 어쩌면 그들의 머릿속에 포기란 단어는 없을 수도 있다.

그들은 '포기'라는 것이 자신의 성공을 가로막는데 장해물이 된다는 것을 이미 알고 의도적으로 피하는 것이다. 그러나 평범한 사람들은 아직도 '포기'를 포기할 줄 모르며 오히려 "안 되면, 포기하면 그만이지!", "포기해!"와 같은 말만 오늘도 어김없이 반복적으로 일삼는다.


자신의 가난과 부족한 배움에도 굴하지 않고 어려서부터 지칠 줄 모르는 도전정신과 불가능이라는 말이 무색할 정도로 포기할 줄 모르며 일평생을 산 현대그룹 창업주 故 정주영 회장. 그는 직원들이 "이것은 절대로 안 됩니다.", "불가능합니다."라고 투덜거릴 때 "해 보기나 했어?"라는 말을 자주 했다고 한다.

세계적인 기업으로 자리매김 한데에는 지칠 줄 모르는 도전 정신과 포기할 줄 모르는 그의 마인드가 성공을 하는데 가장 커다란 중심 역할을 하지 않았나 생각해 본다. 그의 일화 중 빈대에 대한 이야기는 그가 늘 깨어있는 사고를 하고 남들과 다른 깊이 있는 행동을 하는 사람이라는 것을 다시 한 번 일깨워 준다.

청년 시절 인천에서 막노동할 때의 일이다. 근로자 합숙소는 밤이면 빈대가 들끓어서 잠을 잘 수가 없는 지경이었다. 그래서 몇몇 사람들은 빈대를 피해서 밥상 위에 올라가 잠을 잤다. 그러나 빈대는 밥상 다리를 타고 기어 올라오는 통에 별 소용이 없었다. 할 수 없이 밥상 네 개의 다리를 물을 가득 담은 양재기에 담가 놓았다.

며칠은 효과가 있는 듯 보이더니 얼마 지나지 않아 여전히 빈대가 온몸을 물어뜯기 시작했다. 궁금해서 불을 켜고 빈대들을 살펴본 순간 그는 벌린 입을 다물지 못했다. 물 때문에 밥상 다리를 타고 올라갈 수 없게 된 빈대들이 벽을 타고 천장으로 올라가 그를 향해 떨어지고 있었기 때문이다.

정주영 회장은 빈대의 모습을 보면서 깨달음을 얻었다고 한다.

"저런 미물도 자기의 목적을 위해 저렇게 머리를 쓰고 죽을힘을 다하는데, 사람인 나는 도대체 뭔가? 무슨 일이든 마주침에 있어 절대로 포기하지 않고 죽을힘을 다해 노력한다면 이루지 못할 일이 있겠는가!"

나는 포기를 너무도 당연하게 반복하며 사는 사람들이 어느 순간 포기한 인생을 살게 되지 않을까 염려스럽다. 인생은 실패해서 끝나버리는 게 아니고 포기할 때 그의 인생이 끝이 나기 때문이다.

우리는 잠깐의 순간에도 도전과 포기를 놓고 갈등해야 하는 상황을 자주 접하게 된다. 이럴 때 자신의 확실한 주관이 없는 사람은 포기를 선택하게 되고, 명확한 계획과 간절한 삶의 목표가 있는 사람은 도전을 택한다.

한국인 최초 1800:1의 어마어마한 경쟁률을 뚫고 일본 최고의 극

단 '사계'에서 활동 중인 뮤지컬배우 김지현은 〈tvN 김미경 쇼〉 프로그램에 나와 강연을 한 적이 있다.

'캣츠'라는 작품에 캐스팅된 그녀는 2년간 같은 작품, 같은 역할, 똑같은 노래와 가사로 무대에 올랐다. 항상 똑같은 모습으로 기계처럼 움직이는 게 고문당하는 것처럼 너무 힘들고 싫어서 하루는 선배에게 "선배 나 그만두고 싶어요!"하고 투덜댔다. 그랬더니 선배에게서 "언제든지 포기하고 언제든지 그만둬도 돼. 견디기가 힘든 거야."라는 대답이 돌아왔다. 그녀는 다시 마음을 추스르던 중 '라이언 킹'이라는 오디션에 참여할 기회가 생겼고, 드디어 새로운 작품을 할 수 있다는 기대감으로 작품에 임했지만, 8년이라는 시간을 또 같은 모습으로 반복해야 했다.

라이온 킹이라는 작품을 할 때 성대 결절이 되었고 뮤지컬 배우로서 성대에 이상이 생긴다는 것은 배우로서의 생명이 다한 것이나 마찬가지였다. 그러나 그녀는 포기하지 않았고, 성대의 결절 부위가 아닌 다른 성대 부위의 근육을 쓰는 방법을 찾기 위해 피나는 노력과 워밍업을 했다.

힘든 과정이었지만, 목표가 확실했기에 안 될 게 없었다는 그녀는 포기라는 것을 하지 않았다. 그랬기에 엄격하고 깐깐하기로 소문난 일본 최고의 극단에서 인정받는 최고의 배우가 되지 않았나 생각해 보게 된다.

그녀가 만약 늘 같은 일상, 고된 스케줄, 정해져 있는 하루 일과표

대로 생활하는 게 힘들어서 그 생활을 포기했다면 뮤지컬배우 김지현은 없었다. 그녀는 포기하지 않았기에 그 자리에 있을 수 있었다.

포기하고 싶은 마음이야 그녀도 사람이기에 얼마든지 가질 수 있었다. 그러나 절대 포기하지 않은 그녀는 이런 말을 했다.



지금 여러분은 꿈을 꾸고, 그것을 이루어 나가기 위해 어떤 절벽과 마주하고 있는가? 그 절벽을 마주하는 과정이 지금 당장 힘들고 어렵더라도 그 절벽에 직접 부딪히고 용감하게 뛰어넘어야 웅장하고 멋있는 폭포가 될 수 있다. 절벽을 마주하기가 두렵고 힘들다고 지금 포기해 버리면 당신은 고여 있는 물밖에 될 수 없다. 당연히 당신의 멋진 인생 또한, 기대할 수 없다.

이건 이래서 포기하고, 저건 저래서 포기하고, 언제까지 포기만 하고 살 수는 없다. 당신이 하고 싶은 일, 해보고 싶었던 일, 꼭 해야만 하는 일에 더는 온갖 변명과 핑곗거리를 가져다 대며 포기하지 마라.

어쩌면 당신은 변명과 핑계라는 아주 커다란 절벽을 마주하고 있는지도 모른다. 그 절벽을 뛰어넘는 것은 당신의 마음속에 달렸다.

사람이 '하기 싫어서', '하고 싶은 마음이 없어서' 쉽게 하는 게 변명과 핑계를 동반한 '포기'이다. '안 돼서', '안 되는 일'이라서 하는 게 결코 변명과 핑계가 아니라는 것을 여러분은 알아야 한다.

지금처럼 고여 있는 물로 살고 싶지 않다면 하기 싫은 것을 하고 싶게 만들고, 하고 싶은 마음이 없었던 것을 하고 싶은 마음이 있게 만들면 된다.

고인 물은 언젠가는 썩게 마련이다. 언제까지 포기만 일삼으며 당신의 미래의 인생을 포기할 수는 없다. 지금까지 하기 쉬운 포기를 선택하며 살아왔다면 지금부터는 하기 쉬운 포기를 더 쉽게 포기하는 삶을 살아보면 어떨까.

1941년 영국 해로스쿨을 방문한 윈스턴 처칠이 기념사로 남긴 말을 되새기며 당신의 마음속에 가지고 있는 '포기'라는 단어를 머릿속에서 지워버리기 바란다.

"절대 포기하지 마라. 절대, 절대로 포기하지 마라. 절대, 절대, 절대로 포기하지 마라!"

# 자기계발을
# 미루지 마라

미래에 대한 설계나 자기계발에
대한 필요성을 이야기 할 때면 우리 나이대의 여성들은 보통 이렇게
이야기 한다.

> "틀린 소리는 아닌데 내게는 아직 그럴만한 여유가 없어, 돈도 없고
> 시간도 없어!"

머리는 끄덕끄덕하면서도 마음에는 직접 와 닿지 않는 모양이다.
아니 어쩌면 자신이 처해있는 현실 속에서 자기계발은 꿈같은 이야

183

기에 불과할 뿐이라며 애써 자신의 마음을 거부하고 있는지도 모른다. 내 주변에 있는 30~40대 여성들도 그들과 별반 다르지 않다.



나는 그런 말을 들을 때면 남의 일 같지 않은 마음에 공감을 하면서도 '그래도 그건 아닌데….' 하는 생각에 안타까운 마음이 생긴다.

그녀들과 나는 별반 다를 게 없다. 특별히 내세울 것 없는 대한민국 보통 여성이다. 똑같이 아이들 키우고, 직장생활하며 집안 살림하고…. 대한민국 기혼여성들이 하는 살림, 육아, 사회생활 그 이상도 그 이하도 아닌 서로 비슷한 엄마로서, 아내로서, 직장여성으로서 살고 있다. 그렇다고 물질적으로 넉넉하게 여유로운 생활을 하는 것도 아니다. 여러 맞벌이 부부가 그러하듯 우리 집 또한, 한 달 벌어 한 달 생활하고 나면 남는 돈은 얼마 되지 않는다. 그럼에도 불구하고 내가 자기계발에 열을 올리는 것은 바로 나의 미래를 위해서이다.


요즘 나의 여동생은 자기계발에 한창이다. 자기계발에 대한 열정으로 사는 나의 영향을 아무래도 많이 받은 듯 보인다. 얼마 전 합창단에 입단한 여동생에게서 전화가 한 통 걸려왔다. 처음에는 가슴 설레는 일을 시작한 것에 대해 자랑이라도 하듯 흥분된 목소리를 한 동안 가라앉히지 못하더니 그 흥분된 기분도 잠시, 어느새 걱정 섞인 목소리로 말을 한다.



올해로 서른여섯인 여동생은 자기 딴에는 나름대로 나이를 먹었다고 생각했었는데 막상 자기계발을 위한 현장에 나갔을 때에는 그게 아니었다. 한창 젊고 패기 가득한 나이라 당연히 자기와 같은 열정을 가지고 있는 엄마들이 많이 있을 거로 생각했는데, 예상 밖의 현실에 조금은 씁쓸했던 것 같다.

정말 우리 또래의 여성들은 대체 어디서 무얼 하고 있을까? 모르긴 해도 팍팍한 현실 속에서 오늘의 무사함과 내일의 안녕을 바라며 아등바등 살고 있을 것이다. 아울러 그런 자신의 모습을 들여다보며 또 다른 미래의 모습을 그리고 있을지도 모른다.

그러나 간과해서는 안 되는 게 한 가지가 있다. 인생이라는 것은 가만히 앉아서 자신의 미래가 바뀌기만을 바라면 안 된다는 것이다. 스스로 끊임없이 자신의 미래에 대해서 연구하고 개척해 나아갈 만한 자기계발을 해야 한다.

고대 그리스의 철학자 소크라테스는 심오한 말을 남겼다.



그렇다. 사는 건 누구나 어떻게 살든 살아지게 마련이다. 그러나 잘 살아간다는 것은 말처럼 그리 쉬운 일이 아니다. 인생경험이나 연륜이 있으신 어르신들도 그 부분만큼은 힘들어하고 어려워하는 게 사실이다.

대중화된 삶의 보편적 매뉴얼대로 그 틀 안에서 주어진 삶을 사는 당신은 지금 지극히 평범하고 단순한 삶을 살고 있음을 인정해야 한다.

그런 의미에서 여러분에게 자신을 위한 스페셜 매뉴얼을 작성해보라 권하고 싶다. 그리고 그것을 전환점으로 새로운 틀 안에서 남들과는 다른 조금 더 특별한 삶을 계획했으면 한다.

당신이 꿈을 이루는 삶을 살기 위해서는 꾸준하게 자기계발을 하면서 의식적으로 생각하고 행동해야 한다. 말은 쉬워 보일 수 있으나 결코 말처럼 생각처럼 쉽게 되지는 않을 것이다. 그래도 자신을 위해서는 꼭 해야만 한다.

국내 굴지의 기업 LG생활건강의 차석용 사장이 취임사에서 한 말이다.

"정시 출근하고, 정시 퇴근하십시오.

불과 몇 해 전까지만 해도 우리나라 기업 문화는 윗사람이 퇴근하기 전에 먼저 퇴근하게 되면 괜히 눈치를 보아야 했다. 뒷말 안 나오게 하려면 일이 없어도 윗사람 눈치 보면서 늦게까지 남아 있어야 했고, 윗사람들 비위 맞추는 일도 밥 먹듯 해야 했다.

그러나 그렇게 비효율적이고 무분별한 시간 낭비는 이제 무능한 사람들의 생존전략으로 전락했다. 그런 눈치 보기 식의 회사생활은 무능한 사람들이 하는 비굴한 행동 중 하나일 뿐, 그것으로부터 해방하고 싶다면 생각을 전환하고 그럴 시간에 자기계발을 시작해야 한다.

아무리 아는 것이 많고 그동안의 경험이 풍부하다고 해도 자기계발은 끊임없이 해야 한다. 그렇지 않으면 급변하는 시대 속에서 도태될 수밖에 없다.

자기계발에 투자하는 돈과 시간을 절대로 아까워하지 마라. 인생의 아무런 계획도 없이 세월의 흐름대로 움직이며, 영양가 없이 소비되는 시간을 빨리 인식하고 차라리 그 시간을 아까워하라. 그러면 자신이 앞으로 어떤 삶을 살아야 할지의 해답도 금방 찾을 수 있을 것이다.

자신의 고귀한 인생을 지금 당장 부족함 때문에 그것에 연연해하며 아깝게 마냥 세월을 보낼 수만은 없는 노릇이다. 더는 시간과 돈의 노예가 되어 이리저리 이끌려 다니며 노예근성으로 살지 않기를 바란다. 돈은 있다가도 없고 없다가도 있을 수 있다. 그러나 당신의 인생은 그렇지 않다. 지나가 버리면 절대로 다시 되돌릴 수 없다.

또한, 미래도 마찬가지이다. 지금 당신이 처한 환경만을 탓하며 자신을 위한 자기계발을 시작하지 않는다면 앞으로도 지금과 같이 돈과 시간에 이끌려 다니는 삶을 살아야 한다.

지금 당장 거창한 것을 시작하라는 것은 아니다. 자신이 평소 하고 싶었던 일이나 배우고 싶었던 과정 혹은 앞으로 자신이 계획한 일에 관련된 것부터 조금씩 시작하면 된다. 그러다 보면 재미가 생기고 더 잘해보고 싶은 의욕도 생겨나면서 자신이 살아 있음을 직접 느낄 수 있게 된다. 그리고 자신의 삶을 이끌어나갈 수 있는 노하우도 생긴다.

선택은 여러분의 몫이다. 지금처럼 미래에도 이끌려 다니는 삶을 살 것인지, 아니면 내 인생을 멋지게 주관하며 사는 주도적 삶을 살 것인지.

# 시작하기에
# '늦은 때'란 없다

"내가 네 나이라면 당장 뭐라도 시작할 수 있을 텐데….."
"내가 10년만 젊었어도, 아니 5년만이라도 젊었으면….."

보통 자신보다 젊거나 나이 어린 사람들을 보면 이와 같은 푸념을 하며 현재 자신의 모습을 한탄하거나 지나온 세월을 아쉬워하고는 한다.

그리고 대부분 자신의 지나온 과거를 돌아보며 "내가 왜 그랬을까?", "그때 하고자 했던 것을 시작했으면 지금쯤은 이루고 살 수 있지 않았을까?", "그때 하고 싶은 걸 하고 살았어야 하는데….." 하며

자신의 삶을 후회하기에 급급하다.

비록 뒤늦은 후회이긴 하지만 그래도 그런 생각을 하고 있다는 자체만으로도 나는 그나마 다행이라 말해주고 싶다. 주변에는 아무 생각 없이 사는 사람들도 꽤 많이 있기 때문이다.

사실 위로하고자 다행이라고는 했지만, 앞으로 5년 후, 10년 후에도 지금과 같은 후회를 하게 된다면 그것은 어리석은 행동이라 말하고 싶다. 아무 생각 없이 사는 사람들과 별다를 바 없기 때문이다.

"지금 시작하기에는 너무 늦었어!", "지금 이 나이에 뭘 하겠어?", "이제 시작해서 언제 성공하겠어!" 하며 자신의 꿈을 미루거나 포기하려는 마음이 있다면 그것은 자신의 인생을 너무 함부로 하는 것이다. 정말로 당신이 이러한 마음을 가지고 하고자 하는 일을 포기하려 한다면 당장 생각을 바꾸어야 한다. 지금부터 시작해도 절대 늦지 않았기 때문이다.


꿈을 꾸기에 늦은 때란 없다. TV, 신문, 잡지 등 각종 매스컴을 통해 우리는 어려운 환경에서도 자신의 꿈을 이룬 사람이나 고령의 어르신들이 꿈에 도전하고 그 꿈을 이루는 모습을 자주 접하게 된다.

어려서 그렇게 배우고 싶었다던 피아노 배우기에 도전한 50대 중년여성, 꿈을 이루고자 대학에 입학한 60~70대 늦깎이 대학생이 그러하다. 또 여든이 넘은 나이에 한글 공부를 시작하는 어르신, 99

세 나이에 운전면허를 취득한 어르신은 어떠한가. 손뼉 치며 저절로 고개를 숙이게 하는 엄청난 열정이 아닐 수 없다.

그분들이 만약 "지금 이 나이에 배워서 뭘 하겠어?"라는 부정적인 생각을 계속 했더라면 자신의 꿈을 평생 이루지 못했을 것이다. 하지만 "지금 시작해도 늦지 않아!"라는 적극적이고 희망적인 생각을 했기에 도전할 수 있었고 그 꿈을 이룰 수 있었다. 그들은 남들이 보기에 '이미 늦은 때'를 자기 자신은 '시작해도 되는 때'로 생각을 전환한 것이다.

이렇듯 사회 곳곳에서 자신의 꿈을 꾸며 자신의 의지대로 꿋꿋이 도전하고 성공하는 사람들을 어렵지 않게 볼 수 있다.


내게는 평소 친분이 있는 K라는 분이 있다. 그분은 젊었을 때 꿈이 교사가 되는 것이었다. 교사가 되어 고향에 내려가 학교에서 아이들을 가르치는 게 꿈이었는데 그러지 못 하고 사는 게 늘 마음속에 아쉬움으로 남아 있다고 했다. 그런 그는 쉰이 넘은 나이에 대학에 편입했다.

젊은 대학생들 틈에서 자신의 사업과 학교 공부를 게을리하지 않고 정말 열심히 사는 모습을 지켜보면서 존경스럽다는 생각을 하지 않을 수가 없었다. 한편 젊은 나이에 나는 뭐 하고 있는 건가 하는 생각에 부끄러운 생각도 했었다.

그분은 졸업 후 대학원 석사과정까지 마치면서 대학 강단에 서는 교수가 되었다. 자신이 하는 사업이 있었기에 시간제 교수로 만족해야 했지만, 그분은 자신이 꿈꾸어 왔던 것 그 이상의 꿈을 이룬 것이다.

만약 도전하지 않고 '사장'이라는 자리에 안주하는 삶을 살았더라면 어떠했을까? 분명 그는 자신의 꿈을 이루지 못했을 것이다. 그리고 늘 꿈에 대한 아쉬움과 도전하지 못한 후회를 하며 지냈을 것이다.

자신의 꿈을 이루고 행복해하는 그분의 모습을 직접 보면서 '아, 꿈 앞에 늦은 때란 절대 존재하지 않는구나!' 하는 것을 가슴 깊이 새겼던 일이었다.

지금 당신이 시작하려고 하는 것은 너무 늦지도 않았고, 나이가 많아서 시작할 수 없는 일 또한, 결코 아니다.


평소 오지여행과 세계기아에 관심이 있는 나는 전 월드비전 긴급구호 팀장이었던 한비야를 좋아한다. 자신의 꿈을 위해 다니던 직장에 과감히 사표를 던지고 세계 일주를 시작한 결단력이 무엇보다 부러웠다. 그리고 월드비전 긴급구호 팀장으로 일하면서 보여준 따스한 마음과 뜨거운 열정이 무척 존경스러웠다.

그녀는 자신의 저서 『바람의 딸 걸어서 지구 세 바퀴 반』에서 말한다.

"늦게 시작한 것을 두려워 말고, 하다 중단한 것을 두려워하라."

또한, 앞으로 나이 들일밖에 없는 우리에게 지금 이 나이는 앞으로 살아가야 할 날 중 제일 젊은 나이이며, 연세 드신 분들이 부러워하고 돌아가고 싶어 하는 때라는 말도 덧붙인다.

그녀는 당부도 잊지 않는다.

"스스로 '이 나이에'라는 올가미에 얽매이지 말고 그것으로부터 자유로워져라!"

사람들은 꿈이 있으면서도 막상 그것을 시작하려고 하면 두려워하고 의심을 한다. '너무 늦지 않았을까?', '잘할 수 있을까?', '누가 비웃으면 어떡하지?' 등의 비생산적인 생각을 하는 것이다. 그러한 생각은 자신을 절대로 발전시키지 못한다. 오히려 자신을 도태시킬 뿐이다.

늦은 것은 절대로 문제가 되지 않는다. 늦었다고 포기하며 아무것도 시작하려 하지 않는 게 더 큰 문제일 뿐이다. 해보지도 않고 걱정하는 것은 어리석은 일이다. 자신의 능력을 의심하는 것이기 때문이다. 남들의 비아냥거림 따위는 신경 쓰지 마라. 그들이 당신의 인생을 대신 살아줄 것도 절대 아니거니와 그런 사람들은 당신이 성공해도 마찬가지이다.

사람에게 주어진 시간은 누구에게나 같다. 그러나 자신의 꿈을 꾸기에 지금 현재의 시간을 '늦은 때'로 생각하느냐 '빠른 때'로 생각하느냐의 관점에 따라 자신의 1년 후, 3년 후, 10년 후의 모습은 크게 달라진다.

‘늦은 때’라고 생각하는 사람은 사는 동안 도전하지 못하는 핑곗거리를 찾는데 시간을 낭비할 것이다. 하지만 ‘빠른 때’라고 생각하는 사람은 정확한 목표가 있기 때문에 그 꿈을 이루기 위한 시간을 알차게 보낼 수밖에 없다.

얼마 전 타계한 박완서 작가는 다섯 아이를 둔 평범한 전업주부였다. 그런 그녀는 40세에 소설가로 등단해 작가로의 꿈을 이루었다. 국제구호활동가 한비야 역시 42세에 자신의 가슴을 뛰게 하는 국제구호활동에 뛰어들었고, 스팀청소기로 유명한 한경희 대표도 서른여섯에 사업을 시작해 지금은 다방면으로 사업을 확장해 나가고 있다.

그들은 모두 우리와 비슷한 나이에 꿈을 꾸고 그 꿈에 과감하게 도전한 사람들이다. 그녀들이 만약 "꿈을 꾸기에 너무 늦었어!"라는 생각을 하고 포기했다면 지금의 자리는 없었을 것이다.

### "늦었다고 생각했을 때가 가장 빠른 때"

자신의 꿈을 더는 가두려 하지 말고 꿈에 날개를 달아 주자. 지금 당장은 높게 날 수 없지만 조금씩 날아가는 연습을 하다 보면 반드시 자신이 원하는 곳을 향해 높게 날 수 있는 날이 오고야 만다. 그리고 지금 바로 계획하고 시작한다면 그 끝은 성공이라는 결과를 반드시 가져다줄 것이다.

# 변화를
# 두려워하지 마라

3년 전 나는 자기계발에 관련된 교육 자료를 찾느라 인터넷 서핑을 하던 도중 우화를 바탕으로 한 솔개의 이야기를 동영상으로 접하게 되었다. 당시 내가 접한 동영상은 나의 마음을 전율케 하기에 충분했다.

나는 그것을 보면서 '한낱 솔개도 자신의 미래를 위해 저렇게 큰 뜻을 품는데 사람인 나는 지금 무슨 생각으로 사는 것인가?'하는 생각과 함께 변화를 두려워하며 시도조차 하지 않으려 했던 내 삶을 반성하는 시간이 될 수 있었다.

나를 변화의 길로 이끌어 준 〈솔개의 이야기〉를 잠시 소개한다.

조류 중 장수하기로 알려진 솔개는 수평이 약 70~80년 정도 된다. 하지만 솔개가 장수하기 위해서는 반드시 거쳐야 할 과정이 있다.

솔개가 평균 수명의 반 정도를 산 40살이 되면 부리가 많이 구부러지고, 발톱은 닳아서 무뎌지며 날개는 무거워서 날기조차 힘든 볼품없는 모습이 된다. 그렇게 되면 솔개는 선택의 갈림길에 서게 된다. 지금 이대로의 모습으로 지내다가 서서히 죽느냐? 아니면 고통의 과정을 통해 새로운 삶을 사느냐?

변화와 도전을 선택한 솔개는 산 정상부근으로 높이 올라가 둥지를 튼다. 그리고 솔개는 낡고 구부러진 부리가 다 닳아 없어질 때까지 자신의 부리를 바위에 대고 쪼기 시작한다. 그렇게 하여 낡은 부리를 떼어낸 후 매끈하고 튼튼한 새 부리가 자라면 그 부리로 발톱을 하나씩 뽑는다. 낡은 발톱을 버려야 사냥하기 좋은 새로운 발톱을 얻을 수 있기 때문이다.

마지막으로 무겁고 볼품없는 자신의 깃털을 하나씩 뽑아내며 솔개는 생사를 건 130여 일을 보낸다. 그리고 솔개는 변화의 과정을 거쳐 새로운 40년의 삶을 살 수 있게 된다.


인생은 선택의 연속이라고 한다. 하지만 지금 당신의 꿈을 위해서는 선택이 아닌 현명한 결정을 해야 한다. 아무리 좋은 기회와 여건을 준다고 해도 당신이 현명한 판단을 하지 못하고 우물쭈물 대면 당신의 인생은 아무것도 달라지지 않는다.

지금 당신에게 어떤 것이 기회이고, 어떤 변화가 필요한지, 그리고 어떠한 결정을 해야 하는지 효과적으로 생각하고 판단해야 한다. 그것은 누가 대신 생각해 주지도 않고, 누가 대신 결정을 내려 주지도 않는다. 다만 조언 정도만 얻을 수 있을 뿐이고, 오로지 판단과 결정은 본인 스스로가 해야 한다.

솔개의 수명과 비교했을 때 인간의 평균 수명은 솔개와 거의 비슷하다. 요즘은 기대수명이 늘어나면서 우리가 노년기를 맞이할 때쯤이면 100세까지 사는 사람들도 꽤 많이 생길 것이다. 그렇다고 봤을 때 지금 우리의 나이는 아직 자기수명의 반도 채 살지 않았다. 그렇기 때문에 당신은 지금까지 '무얼 하며 살았는지' 보다는 앞으로 '무얼 하고 살아야 할지'를 인식하고 고민해야 한다.

보통은 "나도 이제 늙었어.", "이 나이에 뭘 다시 시작할 수 있겠어?"하며 자신의 남은 인생을 포기하는 사람들이 있다. 그들은 단순하게 지금까지 살아온 세월만 보았을 뿐 앞으로 살아갈 세월은 내다보지도 전혀 생각하지도 않는 사람들이다.


변화를 두려워하는 사람은 꿈을 이룰 수도 성공할 수도 없다. 두려움 때문에 새로운 삶에 대해 시도조차 하지 않으면서 변화를 바란다는 것은 어쩌면 뻔뻔한 일인지도 모른다.

변화의 필요성을 잘 알면서도 안주하는 삶을 살던 내가 내 삶을 혁신하는 일은 말처럼 그리 쉬운 일만은 아니었다. 이미 편안함이 몸에 배어 있었고, 그 익숙함에서 벗어나기 위해서는 더 많은 용기와 과감한 도전이 필요했기 때문이다.

나도 나지만 늘 안정만을 추구하며 발전 없이 머물러 있는 주변 사람들을 보면서 안타깝다는 생각을 하게 되었고, 그런 그들의 모습에 나의 모습을 비추어보게 되었다. 그리고 나는 '지금 이대로는 절대 안 되겠다.'는 생각에 변화를 꿈꾸기 시작했다.


변화하고자 하는 마음을 갖고 나니 평소에는 보이지 않았던 것들이 눈에 들어오기 시작했다. 그중 나는 제일 먼저 백석대학교 평생교육원에서 모집 중인 '크리스토퍼 리더십코스' 과정에 등록하게 되었다. 그 과정은 내 삶을 변화시키는 데 중요한 물꼬가 되어 주었고, 지금까지도 꿈을 꾸게 하고 도전하는 삶을 살게 해주는 밑거름이 되기에 충분할 만큼 소중한 시간이었다.

교육을 받던 첫날의 기억은 아직도 내 머릿속에 생생하게 떠오른다.

나는 도전에 대한 기대와 설렘으로 강의실에 도착했다. 얼마 지나지 않아 수업이 시작되었다. 크리스토퍼 리더십코스 과정은 한 명의 강사가 강의하는 여느 교육방식과는 달리 여러 명의 강사가 수업을 이끌어 나가는 협동 수업방식이었다. 꽤 신선한 느낌이었다.

그러나 그러한 기분도 잠시, 교육과정은 수강생이 차례로 나와 정해진 매뉴얼에 맞춰 발표하고 강사의 피드백을 받는 수강생 전원의 적극적인 참여를 유도하는 수업이었다.

가만히 앉아서 강의 듣고 열심히 노트 정리만 하면 되겠거니 하고 간 나에게 그 상황은 당황스러운 일이 아닐 수 없었다.

생각의 틀을 확 깨준 조금은 낯설고 어색한 환경은 순간 나를 주눅이 들게 하였다.

첫 수업시간, 얼떨결에 첫 발표를 간신히 끝내고 자리에 돌아와 앉은 나는 잠시 생각에 잠겼다. '앞으로 10주 동안 잘해낼 수 있을까?', '그냥 포기하고 다른 교육을 알아볼까?' 수업시간 내내 머릿속에서는 '포기할까?', '도전할까?'를 두고 줄다리기가 이어지고 있었다.

앞으로 10주를 반복해야 한다는데 소극적이고 내성적인 나는 도저히 잘해낼 수 있는 자신감이 생기지 않았다. 그렇다고 시작하자마자 그만두자니 나 자신이 허락하지 않았다.

이미 수많은 강의를 통해 여러 명의 수강생을 배출해 낸 베테랑 강사는 그날도 처음 시작하는 수강생들의 마음을 꿰뚫어 보고 있었다. 나는 잠시나마 못난 생각을 한 내 마음을 들킨 것 같아 부끄러운 생각이 들었지만, 그 생각조차도 어리석은 생각이라는 것을 하는 데에는 그리 많은 시간이 걸리지 않았다.

첫 수업시간을 마무리하는 종반쯤 다다랐을 무렵 강사는 이런 말을 했다.



강사의 말 그대로였다. 나를 포함한 수강생들은 매주 눈에 띄게 발전하기 시작했다. 그리고 10주 과정을 마치고 수료식을 하던 11주차에는 어설프기만 했던 처음과는 달리 모두 멋진 모습으로 변화되어 있었다.

내가 만약 변화하고자 마음먹고 시작은 했지만 낯선 모습, 낯선 환경에 끝내 두려움을 이겨내지 못하고 포기했다면, 꿈을 꾸고 도전하는 지금의 나의 모습은 아마도 없었을 것이다. 나는 크리스토퍼 리더십 과정을 계기로 수강자가 아닌 강사로서 수업을 참관하는 기회도 맛볼 수 있었다. 변화에 대한 간절함과 끊임없는 노력으로 이룰 수 있는 시간이여서 나에게는 지금까지도 값지고 의미 있는 시간으로 기억된다.

현재에 안주하며 도전하는 삶을 회피하는 사람들에게 변화는 두려운 존재이다. 변화에 대한 뚜렷한 결과를 모르기 때문이다. 변화를 두려워하며 "그냥 이대로도 얼마든지 괜찮은데" 하고 현재에 머물러 있는 사람들은 그것이 절대 안정일 수 없다는 것을 빨리 깨달아야 한다. 남들은 열심히 뛰고 있는데 정작 본인은 걸으려 하지도 않고 제자리걸음만 하고 있으면서 그것을 어찌 안정이라 말할 수 있겠는가.

변화는 자신의 삶에서 진정 중요한 것이 무엇인지를 깨닫는 순간 찾아온다고 한다. 지속해서 변화를 시도하라. 그리고 지금 자신이 마음속으로 무엇을 원하는지, 무엇을 하고 싶어 하는지, 왜 해야 하는지를 발견하고 깨닫는 게 당신이 먼저 해야 할 일이다.

# Part 04

## 새로운 시간 속에
## 새로운 꿈을 담아라

# 나를 당당하게 만드는
# 경쟁력 '자신감'

"과연 내가 해도 될까?"
"내가 잘할 수 있을까?"
"안되면 어떡하지?"

항상 나를 따라다니던 것은 "할 수 있어!"라는
자신감 대신 "내가 그걸 어떻게 해?"라는 열등감이었다. 열등감이
라는 불청객은 늘 내 마음속에 자리하면서 내가 충분히 할 수 있는
능력들까지도 모두 빼앗아 버렸다.

나는 학교 다니는 내내 체육 시간이 싫었다. 수업과목 중에 제일

싫어하는 과목이 영어 다음으로 체육이었다. 친구들은 공부 안 하고 운동장에서 뛰어놀 수 있는 체육 시간을 좋아하고 그 시간만 기다렸다. 그러나 나는 달랐다. 초등학교 때부터 100m 달리기만 했다 하면 꼴등은 맡아 놓고 달렸다.

중학교, 고등학교 때까지도 달라진 것은 없었다. 짧은 다리 때문에 부지런히 뛴다고 뛰어도 나보다 긴 다리를 가진 친구들을 따라잡기에는 늘 역부족이었다. 초등학교 때를 제외하고 중, 고등학교 때에는 키순서대로 번호를 정하는 것이 대부분이었다. 152cm의 단신인 나는 작은 키 때문에 중학교 3년 동안 출석부에 1번을 놓치지 않았다. 그러다가 고등학교 입학해 처음으로 출석부에 47번 자리에 이름을 올리면서 출석번호 1번에서 해방할 수 있었다.

고1 때 47번은 지금까지도 잊지 않고 기억한다. 다른 반과는 달리 우리 반 담임선생님께서는 이름의 자음 순서대로 출석번호를 정하셨다. 덕분에 '표'씨 성을 가진 나는 마지막 번호 48번인 '함현정'이라는 친구 앞자리에 이름을 올렸다. 그러나 출석번호 47번에 대한 기쁨도 잠시, 키순서대로의 번호는 어김없이 1번이었다. 그 뒤로 학년이 올라가도 키에 따른 자리변화는 거의 없었다. 그렇게 나는 신체적으로 작은 체구에 겁도 많고 소심하기까지 해서 뛰고, 달리고, 구르고, 공을 다루는 등의 체육은 적성에 맞지 않았다.


고등학교 2학년 때의 일이다. 체육 시간에 뜀틀 높이뛰기를 하게 되었다. 안 그래도 평소 운동에는 자신이 없던 터라 체육이 싫었는데, 허리 이상 높이의 뜀틀을 뛰라고 하니 죽을 맛이었다. 게다가 "이번 중간고사 실기평가는 뜀틀높이뛰기다."라는 체육 선생님 말씀에 하늘이 무너지는 기분이었다.

체육 시간 내내 반 친구들은 돌아가며 뜀틀 넘는 연습을 했다. 나 또한, 순서에 맞춰 뛰어넘는 연습을 했지만, 번번이 뜀틀 앞에 멈춰 서게 됐다. 몇 차례를 시도했지만, 뜀틀 앞에 멈추거나 뜀틀 위에 간신히 엉덩이를 올리는 정도밖에 되지 못했다. 아무리 생각해도 무리였다. 내 키 허리 이상 되는 높이에 넓이도 넓이지만 어마어마한 길이는 또 어쩌라는 것인지….

'도대체 나처럼 다리 짧은 학생들은 어떻게 하라고 그러시는 거지?'
'정말 나보고 이걸 넘으란 말인가?'

도저히 내가 뛰어넘을 수 없는 것이라 단정 지으며 체육 선생님을 미워하고 원망하기 시작했다. 그리고는 이내 '나는 절대 뛰어넘을 수 없어!', '나에게는 도저히 불가능한 일이야!' 하며 스스로 포기의 길을 선택했다. 그래서 연습 내내 한 번도 뛰어넘지 못했다. 이미 마음속에 '할 수 없어!'라는 마음을 가지고 있던 나는 몸속 세포들 또한, 자연스럽게 할 수 없는 방향으로 움직일 수밖에 없었다. 어쩌면 너무도 당연한 결과였다.

그렇게 몇 주가 지나고 드디어 실기시험 보는 날이 돌아왔다. 다른 건 몰라도 시험성적만큼은 포기할 수 없었던 나는 순간 생각을 바꿔 보자 마음먹게 된다. 그리고 '할 수 없어!'라는 생각 대신 '나는 반드시 뛰어넘을 수 있다!'라는 강한 자신감으로 뜀틀을 향해 달리기 시작했다. 누군가 "할 수 없다고 생각하면 할 수 없고, 할 수 있다고 생각하면 할 수 있다."라고 했던가, 그때 나에게는 이 말이 딱 맞는 표현이었다.

구름판을 딛고 뜀틀 적당한 부위에 손을 짚어 조금의 걸림도 없이 드디어 완벽하게 뛰어넘고야 만 것이다. 그동안 뛰어넘는 것을 한 번도 보지 못한 선생님께서는 놀라운 눈으로 바라보시며 칭찬을 해 주셨고, 반 친구들 또한, 나의 변화에 입을 다물지 못했다.

그들도 그들이지만 나 스스로 '꿈인지, 생시인지' 구분이 안 될 정도로 흥분되고 놀라웠다. 생각 하나만 바꾸었을 뿐인데 이런 엄청난 결과가 나올 수 있다니, 도무지 믿어지지가 않았다. 나는 이내 '아! 나에게는 자신감이 부족했었구나.' 하는 깨달음을 얻게 되었다. 그 후로 나는 키 작고 주근깨투성이인 나 자신에게 근거 없는 자신감을 불어넣기 시작했다. 수시로 거울을 들여다보며 '아! 예쁘다.', '나는 내가 봐도 징말 멋지고 내난해!' 하며 공수 마인드로 부장하게 된 것이다.

하루에도 몇 번씩 거울을 들여다보며 스스로 자기 암시를 하고 자존감을 키워가기 시작했다. 친구들은 그런 내 모습을 보며 귀엽고 깜찍하다며 '표 공주'라는 별명을 붙여 주었다. 나는 그 별명이 마음에 들었다(오해하지 않길 바란다. 혼자 잘난 척하고 친구들 무시하는 심각한 '공주병'과는 분명 거리가 있으니 말이다). 그렇게 마음속에서 조금씩 자라기 시작한 자존감은 '무엇이든 할 수 있다'는 자신감을 갖게 하였고, 긍정적인 생각을 하는 데 커다란 영향을 주었다.

2년 전의 일이다. 당시 새 학기가 시작 된 지 얼마 되지 않은 때였다. 초등학교 3학년인 큰딸 아이는 집에 돌아와 낮에 학교에서 있었던 일을 이야기하게 된다.

"엄마, 오늘 우리 반에서 반장 선거가 있었어요!
선생님께서 반장 하면 잘할 것 같은 친구들 있으면 추천하라고 하셨는데, 저는 제가 하겠다고 손들었어요."

"어머나, 은아야! 그게 정말이니?"

"네! 정말 그랬어요!
저 말고 몇몇 친구들도 자진해서 손들고 그랬어요!"

"그래서 어떻게 됐는데?"

"투표했는데 저는 3표밖에 받지 못해서 떨어졌어요."

"그랬구나, 혹시 반장 안 돼서 속상하거나 표를 적게 받아서 창피하지는 않았어?"

"아니요! 다음에 또 도전할 건데요?"

"은아야! 너 정말 대단하다. 어디서 그런 자신감이 생겼니?

엄마는 학교 다닐 때 부끄러워서 친구들하고 말도 제대로 못 했는
데…."

그날 딸아이를 보면서 정말 대견스러워했던 생각이 난다. 비록 자
신이 원하는 반장은 되지 못했지만, 자신의 생각을 숨기지 않고 과
감하게 표현했다는 것이 놀라울 따름이었다. 결과와는 상관없이 도
전할 수 있는 그 자체만으로도 대단한 자신감이었다.

처음부터 포기하고 시도조차 하지 않은 친구들에게 비하면 칭찬
받아 마땅하다. 나는 딸아이가 그 도전을 통해 또 다른 깨달음을 배
웠으리라 확신하기 때문이다.

반 친구 중에는 하고자 하는 의지가 없거나, 혹은 결과에 대한 두
려움 때문에 한 발짝도 움직이지 않은 친구들도 분명 여러 명 있었
을 것이다. 그에 비하면 해보고자 하는 의지가 있고, 두려움 보다는
도전의 과정을 즐기게 해 주는 자신감이 있다는 것은 딸에게 커다란
자산이 아닐 수 없다.

감 중에 가장 맛있는 감은 '자신감'이고, 가장 맛없는 감은 '열
등감'이라는 우스갯소리가 있다. 당신은 둘 중 어느 것을 갖고 싶
은가?

인간은 마음가짐을 바꿈으로써 인생을 바꿀 수 있다고 한다. 여
러분도 맛없는 감을 먹으며 인상 찌푸리고 후회하지 않았으면 한
다. 이왕 먹는 거 웃으며 먹을 수 있고 자신의 인생도 바꿀 수 있는

'자신감'을 선택해 달콤하고 행복한 삶을 살기 바란다. 아무 곳에도 쓸데없는 열등감은 이제 그만 도려내라! 그리고 그 자리를 성공의 길로 안내해줄 자신감으로 꽉 채워보라!

# 시기와 질투는 독이 될 수도,
# 약이 될 수도 있다

자기가 갖지 못한 것을 남이 소유했을 때 또는 남이 가진 것을 자기가 소유하지 못했을 때 갖게 되는 감정을 사람들은 시기와 질투라고 표현한다.

살면서 사람들은 상대방으로부터 시기와 질투의 대상이 되어 상처를 받거나 심한 모욕을 당하기도 한다. 또한, 때로는 본인이 시기와 질투를 하는 주체가 되어 본의 아니게 상대방을 비방하거나 괴롭히게 된다.

이렇듯 사람들은 생활 속에서 시기와 질투라는 불필요한 감정을

211

의식적이거나 무의식적으로 자신 또는 상대방에게 수시로 표출하면서 살아간다.

시기와 질투라는 감정은 때로는 자신이 발전하는 자극제가 되기도 한다. 하지만 그것이 지나치면 자신은 물론 타인을 해치는 말 없는 무기가 된다. 가까운 주변에서나 각종 매스컴을 통해서 우리는 따돌림을 당하는 사람들의 안타까운 심정이나 말 못 할 고통을 전해 듣게 된다.

따돌림을 당하며 고통받는 사람에게는 당연히 그 사람을 따돌리는 또 다른 사람이 있기 마련이다. 모든 문제에는 나름대로 원인과 이유가 있기 마련이라고 하지만, 여러분은 따돌리는 사람 즉, 자신의 감정을 제어하지 못하고 남에게 피해를 주는 사람만큼은 되지 말아야 한다.

따돌리는 사람들의 일면을 들여다보면 대부분은 상대에 대한 시기심과 질투 때문이다. 그 속에는 자신의 열등감도 포함되어 있다. 사람들은 자신이 남보다 못하다는 열등감에 그 열등감을 포장하기 위해서 시기와 질투라는 감정을 역 이용하는지도 모른다. 그러나 그러한 감정이 지나치면 오히려 자신을 파괴하는 무서운 무기가 된다는 것도 반드시 알아야 한다.


다음의 우화는 시기와 질투의 감정이 자신을 어떠한 길로 내모는지를 잘 알려주고 있다.

한 농부가 염소와 당나귀를 기르고 있었다. 농부는 꾀 많은 염소보다는 힘든 일도 묵묵히 잘해내는 당나귀를 더욱 아끼고 사랑했다. 염소는 농부의 그런 모습에 샘이 나기 시작했고, 당나귀를 시기하기 시작했다.

어느 날 염소는 당나귀를 해칠 생각을 한다.

"당나귀야, 너처럼 불쌍한 동물도 없을 거야. 주인은 네게 매일 힘든 일만 시키잖아, 이런 불공평한 일이 어디 있겠니? 내가 한 가지 좋은 방법을 가르쳐줄 테니까 그대로 한번 해 보렴."

염소는 당나귀에게 속삭이기 시작했다.

"짐을 싣고 개울을 건널 때마다 자꾸 넘어지렴. 그러면 주인은 네 몸이 약해진 줄 알고 다시는 힘든 일을 시키지 않을 거야."

당나귀는 염소의 말을 듣고 개울을 건널 때마다 일부러 넘어지기 시작했다. 주인은 평소 건강하던 당나귀가 부쩍 쇠약해진 모습을 보고는 걱정이 되어 수의사를 데려왔다. 수의사는 농부에게 당나귀의 건강을 회복시킬 방법을 알려준다.

"당신의 당나귀는 지금 기력이 많이 약해졌으니 저기 있는 염소의 간을 먹이면 금방 나을 것입니다."

주인은 즉시 달려가 염소를 잡아 당나귀를 치료하는 데 이용한다.

이렇듯 타인을 향한 무모한 시기와 질투는 오히려 자신에게 독이 되어 자신을 스스로 파괴한다. 단순히 타인에 대한 시기와 질투의 감정 때문이라고 하지만 그 무모한 감정이 때로는 타인보다는 자신을 파멸의 길로 내모는 일이 될 수도 있다는 것을 우리는 기억해야 한다.

만약 당신이 누군가의 뒤에서 타인을 비방하거나 모함하고 있다면 그것은 자신이 상대방 보다 뒤떨어져 있다는 것을 스스로 인정하는 것과도 같다. 사람이기에 우리는 얼마든지 그러한 감정을 표출하거나 그에 따른 부정적인 행동도 할 수 있다.

그러나 누군가를 향한 지나친 부정적 생각과 행동들은 자신을 발전시키는데 그다지 좋은 영향을 가져다주지 못한다. 오히려 주변 사람들에게 자신의 이미지만 부정적으로 각인시킬 뿐이다.

물론 시기와 질투가 무조건 삶에 악영향만 주는 것은 아니다. 시기와 질투를 적절히 잘만 이용하면 오히려 긍정적으로 발전하는데 효율적인 도움을 가져다줄 수 있다.

질투라는 감정은 자신을 보호하고자 하는 보호본능에서 나타난다. 그래서 이러한 감정을 제대로 제어할 수만 있다면 자신을 발전시킬 수 있는 또 다른 자극제가 되는 것이다.


『미치도록 나를 바꾸고 싶을 때』의 저자 안상헌은 다른 사람의 성공하는 모습에 자극받아 질투심이 생길 때 그 질투심의 원인을 어디서 찾느냐에 따라 질적 수준이 결정된다고 말한다. 질투심의 반응 원인을 나 자신에게서 찾으면 변화하고자 하는 노력이 가능하고 개선의 여지가 생기지만, 상대에게서 찾으면 상황을 악화시키기만 하기 때문이라고 한다.

원인을 자신에게서 찾느냐 상대에게서 찾느냐에 따라 시기와 질투라는 감정이 자신에게 독이 될 수도 있고 보약이 될 수도 있다. 현명한 사람들은 이러한 감정을 생산적인데 소비한다. 그러나 그렇지 못한 사람은 자기만의 세계에 빠져 늘 부정적인 말과 행동만 일삼고 주변 사람들에게까지도 유쾌하지 못한 에너지를 전파시킨다. 결국, 비생산적인 일에 자신의 에너지를 소비하는 결과다.

자신의 발전을 위해서는 남을 비방하기보다는 자기 자신을 자극하고 성장시킬 수 있는 에너지로 만들어야 한다.

*"시기와 질투는 언제나 남을 쏘려다 자신을 쏜다."*

_맹자

강한 질투심과 시기심은 나중에는 결국, 어떤 식으로든 자신의 발전을 저해하게 되어 있다. 따라서 자신의 꿈을 성장시켜 나가는데 잘못하면 방해요인이 된다.

얼마 전 지인이 책을 출간했다. 그도 나처럼 직장생활을 하며 틈틈이 책을 썼다. 그는 출간을 앞두고 자신의 출간소식을 회사에 알려야 할지 말아야 할지를 고민하고 있었다. 다름 아닌 주변의 시기와 질투가 염려되어서였다.

예전에 이미 같은 고민을 해왔던 선배 작가로부터 그는 "못난 사람들의 못난 행동에 동요될 필요 없고, 당당하게 출간소식을 밝히고 그 기쁨을 마음껏 누려라."라는 조언을 받았다.

출간 된 지 얼마 되지도 않은 그의 책은 벌써 베스트셀러 순위에 진입해 주변 사람들을 놀라게 하고 있다. 물론 그의 예상대로 회사 동료들로부터 시기와 질투도 빠지지 않고 받는 중이라고 한다.



그는 행복한 비명을 지르고 있다.

인간이기에 우리는 감정이라는 것에 수시로 휘말리게 된다. 아무리 애써 무시하려 해도 신이 아닌 이상 어쩔 수 없는 일이다. 자신의 감정 때문에도 그렇고 타인의 부정적 감정 때문에도 그렇다. 하루에도 몇 번씩 자신도 모르게 동요되고 기분이 상하게 되는 일도 다반사이다. 그러나 여러분이 앞으로 현재보다 더 나은 사람이 되고자 한다면 항상 긍정적인 잣대로 생각하고 행동해야 한다.

누군가가 나를 시기하고 있다면 그 사람의 감정에 동요되지 말고 '아, 내가 저 사람보다 나은 면이 있나 보다!', '저 사람이 나의 이런 면을 질투하나 보네.' 하며 스스로 자존감을 높여라. 타인의 열등감을 반대로 여러분의 자존감을 높이는 데 긍정적으로 이용하는 것이다. 더불어 다른 사람이 여러분보다 더 나은 모습에 타인에 대한 시기와 질투의 감정이 생겨난다면 '나를 어떻게 성장시킬 것인가?', '어떻게 하면 나도 저렇게 될 수 있을까?' 하는 발전적인 생각을 해야 함은 두말할 필요가 없다.

# 자투리 시간을
# 황금 시간으로 만들어라

매일 나에게 주어지는 하루 24시간은 다른 누군가에게도 똑같이 주어진다. 그 시간 속에서 사람들은 저마다 나름대로 이유 있는 삶을 살며 각자 바쁘게 살아간다. 그러나 나는 문득 의문이 생긴다. 과연 그 많은 사람 중에 자기의 시간을 효율적으로 관리하며 사는 사람은 얼마나 될까? 아니, 내 주변에 그런 사람들이 있기는 한 걸까?

쉬운 예로 당신 자신과 주변에 있는 지인들의 삶을 들여다보자. 사람들은 여러 종류의 공동체에서 다양한 삶을 살기 마련이다. 가족

이라는 공동체부터 시작해서 학교, 직장, 친목회, 동호회, 종교, 각종 모임 등 작게는 한 두 개 정도에서 많게는 몇십 개 공동체의 일원으로 살아간다. 당신도 분명 그 공동체에 속해있다.

그러나 그들 중에는 자신에게 주어진 시간을 철저히 관리하며 남들에게는 자투리 시간에 불과한 시간까지도 효과적으로 활용하며 사는 사람은 얼마 되지 않는다. 그 부분은 당신 자신도 마찬가지일 것이다.

> *"자투리 시간을 잘 챙기라. 자투리 시간은 다이아몬드 광석 같은 것이어서, 버리면 그 가치가 영영 묻혀버린다. 그 대신 잘 닦아 가꾸면 유용하게 쓸 수 있는 가장 화려한 보석이 된다."*
>
> **_랠프 월도 에머슨**

성공하는 사람들은 남들이 무심코 버리는 자투리 시간까지도 자기 생활에 유용하게 활용한다. 다시 말해 자투리 시간의 중요성을 아는 사람들은 단 1분 1초도 낭비하지 않으려 한다. 그들은 자투리 시간을 잘 이용하면서 자신을 스스로 빛내는 것이다.

반면 당신의 삶을 한번 들여다보자. 당신은 하루 24시간을 꼬박 눈코 뜰 새 없이 바쁘게 보내지만은 않는다. 분명 자투리 시간이 생기기 마련이다. 그렇다면 그 시간에 당신은 무엇을 하는지 생각해보자.

전업주부는 TV 시청, 동네 아줌마들과의 수다, 쇼핑, 낮잠 등 이제는 너무도 당연한 일상이 되어버려 그마저도 하루의 일과에 포함

시키려 한다. 그러고는 자신에게 자투리 시간 따위는 없다고 단정 지어 버린다.

하지만 엄밀히 말하면 그것도 자투리 시간이다. 단지 그 자투리 시간에 당신은 그것들로 시간을 소비하는 것이다.

워킹맘도 마찬가지이다. 우리가 직장생활을 하면서 근무시간 내 내 업무만 보는 것은 아니다. 출 퇴근 시간을 포함해 근무시간 중간마다 직원들과 대화하는 시간, 커피 마시는 시간, 점심시간, 휴식시간 등 잠깐 숨을 돌릴 시간은 누구에게나 어느 정도씩은 있다.

나는 워킹맘이다 보니 아무래도 낮에는 회사에서 시간을 보낸다. 그래서 되도록이면 회사에서 보내는 시간 중에서 자투리 시간을 최대한 활용하려 애쓰는 편이다.

나의 일과 중 생기는 자투리 시간 활용법은 이러하다. 자가용을 이용하는 출퇴근 시간에는 스마트폰으로 유명 강사들의 동영상 강의를 듣고, 점심시간에는 식사시간을 최대한 줄이고 나머지 시간에는 독서를 한다. 업무시간에는 최대한 집중해서 빨리 일을 마치고 자투리 시간 역시 책을 읽거나 인터넷 일간 신문기사를 들여다본다.

퇴근 후 집에 와서도 자투리 시간 활용은 계속된다. 집안일과 아이들 챙기기를 끝낸 저녁 열 시 이후부터는 TV 시청이나 이른 잠을 청하기 대신 자기계발을 위한 시간을 가진다. 주말 역시 자기계발을 위해 교육장을 찾아다니며 필요한 공부를 하는 등 시간 관리를 게을리하지 않는다.

보통 사람들은 자투리로 남는 1~20분 정도의 시간을 너무 가볍게 생각한다. 그래서 그 시간을 아무렇게나 흘려보내고 만다. 그리고 흘려보내는 시간을 인식조차 하지 못한다.

"그래 봐야 고작 1~20분인데, 그 시간 동안 하긴 뭘 하겠어?"

당신은 이런 안이한 생각에 자신의 자투리 시간을 송두리째 던져 버리고 아까운 시간을 그냥 흘려보내지는 않는지 생각해 보아야 한다. 당신이 안이하게 생각하고 그 시간을 휴짓조각처럼 너무 쉽게 날려 버리는 1~20분을 어느 누군가는 계획적으로 사용하면서 당신의 1~2시간보다 아니 어쩌면 그 이상으로 더 알차고 보람 있게 활용한다.

성공한 사람은 자투리 시간을 지배하지만, 그렇지 않은 사람은 자투리 시간에 지배당하는 것이다.

자투리 시간이 얼마나 있느냐보다 중요한 것은 당신이 자투리 시간을 어떻게 활용하느냐에 있다. 다른 모든 것을 떠나서 매일 일상에서 가장 쉽게 접하는 TV 시청과 잠자는 시간, 아무 생각 없이 무료하게 흘려보내는 시간만 줄이고 아껴도 최소 하루 4시간 이상의 자투리 시간을 모을 수 있다. 일 년을 모으면 1,460시간이고 날짜로 환산하면 60일이나 된다. 쉽게 무시할 수 없는 소중한 시간이다.

일과 중 주어진 일을 처리해야 하는 시간보다 더 많은 여유의 시간을 빈둥대며 지내는 사람들이 있다. 그런 사람들은 자투리 시간이라고 하기에는 너무 많은 시간을 의미 없이 흘려보낸다. 그 시간을 돈으로 환산한다면 그들은 어마어마한 돈을 무의식적으로 버리고 있는 셈이다.

기왕 말이 나온 김에 당신의 일과도 한번 꼼꼼히 되짚어 보자. 아침에 눈을 떠 하루 일을 마치고 다음 날 아침 눈을 뜰 때까지 당신이 꼭 해야만 하는 일, 정해진 일을 처리하고 난 후 남는 시간에는 무엇을 하며 어떻게 보내고 있는지, 그리고 그러한 시간이 하루 24시간 중 몇 시간이나 되는지.

다시 말하지만 그래 봐야 얼마 되지 않는 시간이라 여기며 그 시간들을 절대 소홀히 하지 않길 바란다. 푼돈이 모여 목돈이 돼 듯 남는 시간을 틈틈이 자기계발에 활용한다면 그 자투리 시간의 활용 가치는 다음에 분명히 당신에게 놀라운 결과로 보답하여 줄 것이다.


미래에 대한 꿈과 인생의 계획을 갖기 시작하면서부터 나에게 있어 자투리 시간은 그 무엇과도 바꿀 수 없는 소중한 시간이다. 현재의 삶에 충실하며 그 이상의 꿈을 이루어 나가기 위해서는 그 시간들이 절대적으로 필요하기 때문이다.

지나온 과거의 자투리 시간은 나에게 있어 그서 그렇게 버려지는 시간, 죽어있는 시간이었다. 그러나 지금은 보너스로 얻는 시간 즉 황금과도 같은 귀한 시간이다.

오늘도 사람들은 자신에게 주어진 자투리 시간을 아무런 의미 없이 내버려둔다. 아니 버려지고 있다는 의식조차 하지 못한다. 하지만 지금 이 책을 읽고 있는 여러분은 하루 5분 10분씩이라도 자신의 미래에 대해 계획해 보고 그 과정을 이루어 나가는 데 적극적으로 활용하기를 바란다.

자투리 시간을 휴지통에 그냥 내다 버리느냐 아니면 조각조각 모아 새로운 인생길을 여는데 탄탄한 재료로 쓸 것이냐는 여러분의 마음에 달려있다. 냉혹하다 말하겠지만, 남는 시간을 다루는 당신의 마음에 따라 앞으로의 인생이 자투리 인생이 될 수도 있고, 황금같이 귀한 명품 인생이 될 수도 있다.

# 된다, 된다,
# 무조건 된다

박정희 대통령 정권 때의 일이다.

석유파동으로 인해 중동 국가들은 달러를 주체하지 못할 정도로
외화벌이를 하였다. 중동 국가는 그 돈으로 여러 가지 사회 기반시
설을 건설하려 했지만, 더운 기후 밧에 선뜻 일하겠다고 나서는 나
라가 없었다. 그것을 알게 된 박정희 대통령은 기회다 싶어 관리자
들을 보내 현장조사를 시켰지만, 돌아오는 대답은 부정적인 의견이
었다. "각하, 기온이 너무 높아 아스팔트도 다 녹아 버리고 더워서
일을 할 수가 없습니다. 또 비가 오지 않아서 물을 구하기가 힘들고



223

사방 천지가 모래뿐이라 그곳에서는 건설 사업을 할 수 없습니다.”

　다음날 대통령은 정주영 회장을 중동으로 보낸다. 얼마 후 현장조사를 마치고 돌아온 정주영 회장은 긍정적인 의견을 내놓는다.

> “각하, 중동은 건설 사업을 하기에 아주 좋은 곳입니다.
> 낮엔 덥지만, 밤엔 시원하니, 낮에 자고 밤에 일하면 됩니다. 게다가
> 밤낮이 건조하니 시멘트가 잘 말라 공사기간을 단축할 수 있습니다. 또 1년 내내 비가 오지 않으니 공사를 중단할 일도 절대 없습니다. 더욱 좋은 것은 사방이 모래라 일부로 돈을 들여 살 필요가 없습니다.”

　빈농의 아들로 태어나 소학교 교육밖에 받지 못했지만, 정주영 회장은 모든 일을 함에 있어 ‘안 된다.’, ‘어렵다.’는 생각 보다는 ‘된다.’, ‘할 수 있다.’는 생각을 먼저 했다고 한다. 정주영 회장은 많은 일화와 명언을 남기기로도 유명하다. 그중 다음의 명언을 들여다보자.

> “우리가 생활하는데 모든 분야에 있어서 어려운 부분은 반드시 있는 법. 무엇이든 쉬운 것만 있을 수는 없다. 하지만 그 어려운 것을 우리가 다 극복할 수 있다. 난 이렇게 생각한다.”

　남들이 안 된다고 할 때, 할 수 있다는 자신감과 그의 긍정적 마인드가 지금의 현대그룹 신화를 이룩하는데 기반이 되었음에는 누가 뭐래도 자명한 사실이다. 지금도 많은 사람이 정주영 회장을 롤 모델로 성공신화를 꿈꾸고 있다.

그는 그 자리에 오르기까지 수많은 시련과 실패를 겪으면서도 절대로 부정적인 생각에 흔들리지 않았다. 항상 긍정적 신념과 도전정신으로 신화를 이루었고 많은 사람에게 영향력을 주는 인물이 된 것이다.

어떠한 문제가 주어졌을 때 사람들은 보통 3가지 유형으로 나뉜다.

첫째, '안됩니다.', '그건 불가능합니다.', '어렵겠습니다.' 의 부정형
둘째, '글쎄요...', '자신 없습니다.', '해 봐야 알겠습니다.' 의 우유부단형
셋째, '할 수 있습니다.', '해 보겠습니다.', '얼마든지 가능합니다.' 의
긍정형

대부분은 시원한 긍정형의 대답보다는 부정형이나 우유부단형에 치우친 답을 많이 내놓는다. 그게 아무래도 쉽기 때문이다. 나 역시 살아가면서 그쪽으로 많이 치우치는 편이었다. 창피한 일이지만 그 중에는 무의식적으로 습관적으로 나온 말도 수두룩하다.

'안 된다.', '불가능하다.', '할 수 없다.' 라고 말해 버리면 그것으로 끝나 버린다. 그러나 '된다.', '할 수 있다.', '해 보겠다.' 라고 말하면 그것을 결과물로 내놓아야 하므로 몸과 마음에 귀찮음과 피곤함이 따르기 마련이다. 때로는 그 피곤함과 귀찮음 때문에 많은 사람이 편한 쪽을 선택해버린다.

그러나 사람들이 간과하는 게 한 가지 있다. 단순히 바로 눈앞에 편리함만 생각하고 그 뒤에 숨겨진 커다란 것은 보지 않는 것이다.

부정적인 생각은 부정적인 결과를 낳는다. 그렇기에 발전할 수도 없다. 심지어는 자신에게 찾아온 기회조차 부정적인 생각으로 놓쳐버리고 만다.

늘 부정적인 말만 하는 사람에게는 누구도 관심이나 도움을 주려 하지 않는다. 자연스럽게 자기 스스로 도태의 길로 빠져들게 된다. 부정이 또 다른 부정을 끌어오며 악순환을 반복하는 것이다.

반대로 긍정적인 생각은 주변의 긍정적 요소들을 전부 끌어들인다. 긍정은 안 되는 것도 되게 하는 놀라운 힘을 가지고 있다. 긍정적인 사람에게는 모든 요소가 기회가 된다. 그 기회를 놓치지 않으니 당연히 발전하고 성공할 수밖에 없다. 긍정적인 사람에게는 늘 긍정의 에너지가 따라다니며 잘 될 수밖에 없게 도와준다. 긍정이 또 다른 긍정을 부르니 안 될 일이 없는 것이다.



2년 전 케이블TV에서 방송하는 프로그램 슈퍼스타K에서 '울랄라 세션'이라는 팀이 우승한 적이 있다. 그 팀의 리더 임윤택은 도전 기간에 위암 4기라고 말해 사람들의 마음을 아프게 했던 기억이 있다.

사실상 죽을 날짜를 받아 놓은 것이나 마찬가지였던 그는 항상 긍정적인 마인드로 대회에 임했다. 병을 내세운 사기라는 식의 악플러들의 비방에도 그는 흔들리지 않았다. 그는 오히려 주변 사람들에게 용기와 희망, 무한 가능성과 긍정을 선물하고 작년에 짧은 생을 마감했다.

그는 힘들고 고통스럽다던 항암치료를 받으면서도 자신의 춤과 노래를 향한 꿈을 절대로 포기하지 않았다. 그는 자신에게는 물론이고 팀원들에게도 항상 '안 된다고 하지 말고 아니라고 하지 말고'라는 말을 주문처럼 말했다고 한다.


누구에게나 한가지씩의 재주는 있기 마련이다. 그것을 찾아내느냐, 그냥 놔두느냐에 따라 평범한 삶을 사느냐, 평범함을 벗어난 조금은 특별한 삶을 사느냐의 차이가 생긴다.

당신에게는 어떤 재주가 있다고 생각하는가? '재미있게 말하는 능력', '특별한 요리 솜씨', '수공예에 적합한 손재주', '글솜씨', '차별화된 정리정돈', '재테크 능력', '아이 돌보기'….

굳이 멀리서 찾지 않아도 생활 속에서 무엇이든 찾으려 하면 당신이 남들보다 특별히 잘하는 것이나, 재미있어 하는 것이 분명 있을 것이다. 설마 아직도 당신은 "그 정도는 누구나 다해!", "그것도 재주나 능력이라고 할 수 있나?", "그게 무슨 재주야?" 하며 자신의 능력을 부정하고 있는가. 그렇다면 그런 부정적인 생각부터 버려야 한다.

분명히 말하지만, 당신은 남들이 갖지 못한 능력이나 재주를 반드시 가지고 있다. 어쩌면 당신은 그것이 무엇인지 알고 있을지도 모른다. 그러면서도 애써 부정하는 것은 '설마 아니겠지!' 하는 자신감 결여와 부정적인 생각이 복합적으로 작용하면서 아무것도 할 수 없게 만들어 놓은 것이다.

사람들이 꿈을 이루지 못하는 이유 중 하나는 그들이 생각을 바꾸지 않기 때문이다. "안 돼", "할 수 없어", "그게 아니야!" 등의 부정적인 생각과 말만 매일 늘어놓으면서 당신이 꿈꾸는 인생이 이루어질 거라는 기대는 하지 마라. 부정적인 생각을 바꾸지 않는 한 발전적인 결과물은 얻을 수 없다. 당연히 얻지 못한다.

더는 자신을 부정의 수렁에 밀어 넣지 말아야 한다. 대신 울랄라 세션의 리더 임윤택이 남긴 말처럼 '안 된다고 하지 말고, 아니라고 하지 말고' 항상 긍정적 생각과 행동으로 살아야 한다. 그러한 긍정적인 습관은 열정을 불러들이고 기회를 불러들이며 당신의 꿈을 이루는 확실한 원동력이 되어 줄 것이다.

# 꿈에 간절함을
# 더하면 반드시 된다

한 마리의 호랑이가 닭을 쫓고 있었다.

그러나 호랑이는 끝내 닭을 잡을 수가 없었다. 이유는 간단하다. 호랑이는 한 끼의 식사를 해결하기 위해 뛰었지만, 닭은 살기 위해 죽을힘을 다해 뛰었기 때문이다.

객관적으로 판단했을 때 힘의 세기로 보나 빠르기로 보나 분명 호랑이가 이긴다. 그러나 호랑이는 '한 끼 식사쯤이야 먹어도 그만, 안 먹어도 그만'이라는 안일함으로 뛰었고, 닭은 자신의 목숨이 달린 일이라는 것을 인식했기 때문에 살고자 하는 간절함으로 뛰었다. 결

국, 살고자 하는 닭의 간절함이 자신의 숨겨져 있던 잠재적인 능력을 넘어 그 이상의 초능력을 발휘하게 한 것이다.

우리가 생활하면서 간절함이 '있고', '없고'의 차이는 서로 각기 다른 결과를 가져다준다. 그것은 우리가 꾸는 꿈에도 마찬가지이다.

꿈에 간절함이 없으면 언젠가 이룰 수는 있겠지만, 그것이 언제가 될지는 미지수이다. 또 그 꿈에 간절함이 없다면 생명력이 없는 꿈을 꾸는 것이나 마찬가지이다.

그러나 삶을 살아감에서나 꿈을 이루는 데 있어서 간절함이 있으면 반드시 뚜렷한 결과를 가져다준다.


이나모리 가즈오는 교세라의 창업자이자 회장이며 일본에서 가장 존경받는 3대 기업가 중 한사람으로서 '살아있는 경영의 신'으로도 불린다. 『왜 일하는가?』의 저자이기도 한 이나모리 가즈오는 간절함에 대해 이렇게 말한다.

"목표를 달성하려면 간절한 바람이 잠재의식에까지 미칠 정도로 강해야 한다. 주위의 시선에 흔들리지 말고, 하고 싶다면 하고자 한다면 무슨 일이 있어도 그 길을 가겠다고 굳게 다짐하라. 그리고 반드시 이룰 수 있다고 확신하라. 그런 간절함이 없다면 처음부터 꿈도 꾸지 마라."

간절함은 꿈을 이루기 위한 필수 조건이자 꿈을 실천하게 해주는 원동력이다.

간절함이 있는 사람은 매일 꿈을 꾸고 상상하며 마치 그 꿈을 이룬 것처럼 행동하고 생각한다. 그러다 보면 어느새 그 꿈이 현실이 되어 자기 자신에게 돌아온다.

하지만 간절함이 없는 사람은 마음이 나태해지기 마련이다. 그 나태함은 '해도 그만', '안 해도 그만'이라는 생각을 종용하게 만들고 결국은 언제 이루어질지 모르는 꿈만 꾸다가 어느 순간 그 꿈을 포기하게 된다.

어설프게 꾸나 마나 한 꿈만 꾸다가 중간에 포기하지 말고, 이왕 꿈을 가졌다면 가슴속 깊은 곳으로부터 올라오는 뜨거운 간절함을 그 꿈에 더해야 한다.


2010년 12월 SBS 〈스타킹〉이라는 프로그램에 김승일이라는 야식 배달부가 나와 시청자들에게 감동을 준 사연은 아직도 잊을 수가 없다.

김승일은 한양대학교에 장학생으로 입학하자마자 어머니가 뇌출혈로 쓰러지신다. 그러면서 그는 줄줄이 F 학점을 받게 된다. 학기 중간에 입대하게 되었고 제대 후 복학해 실기 필기 계속 1등을 했지만, 어머니의 연속된 병환으로 학업을 그만두게 된다. 학비를 부담해주는 형들이 있었지만, 자신을 위해 고생하는 형들에게 미안한 마음이 생겼고 그는 결국, 자신의 꿈을 접은 것이다.

그는 택배배달, 퀵서비스, 부동산 직원, 노점상, 나이트 호객행위 그리고 야식 배달부에 이르기까지 안 해본 일이 없이 닥치는 대로 일을 했다. 7년간 성실하게 야식배달을 하면서도 그는 노래를 마음 속에서 떠나보낼 수 없었다고 한다.

방청객들은 물론 당시 서울대 음대 김인혜 교수의 극찬과 기립 박수를 받을 정도로 그의 노래는 온몸을 전율케 하고 소름이 돋을 정도로 감동적이었다.

사회자가 묻자 그가 대답한다.

"그동안 노래를 부르지 않고 쉬었을 텐데 어떻게 목소리를 유지 할 수 있었습니까?"

"저의 어머니가 결국은 돌아가셨어요. 그 후로 저는 다시는 노래를 하지 않겠다고 다짐했지요. 증조할아버지 때부터 모태신앙 집안이 지만 교회는 절대 나가지 않았어요. 다시 노래하고 싶어질까 봐⋯. 그래도 가슴에 한(恨)이 있더군요. 그래서 노래를 불렀어요. 하지만 어머니에 대한 미안함 때문에 남 앞에서는 절대 부르지 않았어요. 오로지 배달할 때나 시간 날 때 틈틈이 혼자서 노래를 부르며 마음 의 위안을 받았어요."

그는 '한(恨)'이라고 표현했지만 나는 그의 표정에서 꿈에 대한 '간절함'을 엿볼 수 있었다. 당시 방송을 함께한 김인혜 교수는 "지 금까지 들어본 내로라하는 어떤 성악가들에게도 절대 뒤지지 않는 실력입니다."라고 극찬을 하며 김승일을 꼭 끌어안고 감동의 눈물 을 흘렸다. 그의 간절함이 사람을 감동하게 했던 것이다.

그는 성악가라는 꿈을 갖고 있었지만, 집안 형편상 아쉽게도 자신의 꿈을 접어야만 했다.

늘 꿈을 이루지 못한 것이 가슴속에 '한(恨)'이 될 정도로 꿈에 대한 열망은 남아 있었지만, 그 꿈에 대한 간절함을 애써 외면하려 했다.

그는 방송 이후 성악가로서 앨범도 내고 공연활동도 한다. 꿈에 대한 그의 간절함이 자신을 성악가의 길로 움직이게 함으로써 세상 빛을 보게 된 것이다.

"당신이 이루고자 했던 꿈은 무엇이었는가? 또 앞으로 이루고자 하는 꿈은 무엇인가?"
"그 꿈에 대한 간절함은 어느 정도인가?"

꿈은 누구나 자유롭게 꿀 수 있다. 그러나 꿈은 꾸기만 한다고 이루어지는 것이 아니다. 끊임없이 도전해야 하고 계획적으로 실행해야 하며 매 순간 열정을 다해야 한다. 그리고 그 꿈에 '간절함'이라는 씨앗을 뿌리고 매일 물을 주어 키워 나가야만 비로소 꿈을 실현할 수 있게 된다.

지금껏 살면서 나는 내가 소원하는 일에 항상 간절함이 있었는지 스스로 물어본다. 아쉽게도 대답은 '아니오'이다. 순간에 삼산씩은 있었을지언정 대부분은 바람처럼 흘려보내기만 했을 뿐이다. 정작 나의 마음속에 씨앗을 뿌리고 뿌리를 내려서 끝까지 키워보지는 못하였었다.

나도 사람이기에 가끔은 이런 생각을 한다.

조금의 아쉬움은 남지만 간절함의 마력이 얼마나 대단한 것인지를 이제라도 알게 되었기에 그것으로 위안 삼는다.

꿈은 누구나 가질 수 있지만 아무나 이룰 수는 없다. 만약 꿈을 이루고자 한다면 자기의 소망과 바람을 담은 자신만의 간절함이 있어야 한다. 그 간절함의 크기에 따라 분명 자신이 원하는 꿈의 크기도 달라진다.

여러분의 마음속에는 꿈을 키우는 간절함의 씨앗이 잘 자라고 있는가? 있다면 그 크기는 어느 정도인가?

만약 당신이 다음에 나올 일화의 젊은 사내와 같은 마음가짐이라면 당신은 분명 꿈을 이룰 충분한 자산을 이미 확보해 놓은 셈이다. 그리고 그 꿈은 반드시 이루어진다. 그러나 그렇지 않다면 당신은 지금 바로 당신의 꿈에 간절함이라는 씨앗을 심고 그것을 열심히 키워나가야 한다.

나는 부디 당신의 마음에 단단한 뿌리를 내려 어떠한 환경에서도 절대 뽑히지 않는 강인함으로 당신이 이루고자 하는 꿈을 반드시 이루어내길 바란다.

중년 신사는 비 오는 거리에서 첼로에 우산을 받쳐 들고 자신의 몸은 흠뻑 젖은 채 걷고 있는 젊은 청년과 마주친다. 중년의 신사는 젊은이에게 묻는다.

"젊은이는 왜 우산을 제대로 쓰지 않고 있나?"

그가 말한다.

"제가 비를 맞는 건 괜찮습니다. 그러나 제 꿈을 비 맞게 할 수는 없
습니다."

# 당신의 미래다.
# 이유 있는 독서를 하라

책이 있는 곳이면 나는 어느 곳이든 좋다. 서점, 북 카페, 도서관, 심지어는 온라인 서점까지. 그래서 내가 제일 부러워하는 사람 중 하나도 책을 많이 읽는 사람이고 많은 책을 소장하고 있는 사람이다.

나는 온갖 명품으로 온몸을 휘감고 다니는 사람들보다 늘 책을 가까이하며 사는 사람들에게 더 많은 부러움을 느낀다. 명품의 가치보다 책이 주는 가치가 더 귀하고 소중한지를 알기 때문이다.

다독가들에 비하면 나는 그리 많은 책을 읽는 편은 아니다. 그러나 나는 매일 꾸준하게 책을 읽는다. 하루에 한 장을 읽든지 한 권을 읽든지 독서량과는 상관이 없다. 늘 가방 속에는 책이 들어 있다. 또 침대 머리맡을 포함해 집안 여기저기 손이 닿을 만한 곳에는 어김없이 책이 있다. 이제는 너무도 익숙해진 풍경이라 눈앞에 책이 없으면 허전하다. 그리고 책 읽기가 습관처럼 몸에 배어 책을 보지 않은 날은 왠지 모르게 나의 뇌가 잠들어 있는 기분이 든다.

내가 책을 가까이하고 좋아하게 된 지는 불과 10년 정도밖에 되지 않는다. 하지만 그 동안 읽은 책들은 어느 순간 차곡차곡 내 마음속에 쌓이기 시작했고, 제2의 인생을 꿈꾸는데 든든한 동기부여가 되어주고 있다.

일 년 평균 100권 정도의 책을 읽는 나는 에세이집이나 자기계발서를 자주 찾는다. 에세이집을 통해서는 작가의 훈훈한 정과 속삭임을 느낄 수 있어서 좋다. 감사, 여유, 인정, 깨우침, 간접경험 등 인간적인 모습들을 마음껏 느끼고 상상할 수 있다. 또한, 자기계발서는 나태해진 마음을 다잡는데 훌륭한 스승 역할을 해준다. 늘 깨어 있는 생각을 하게 해주고 꿈을 갖게 해주며 도전할 수 있는 자신감도 준다.

많은 여성이 성공하기를 원한다. 그러나 성공에 대한 막연함만 가지고 있을 뿐 정작 그들은 자신의 성공을 위해서 무엇을 해야 하는

지조차도 알지 못한다. 그뿐만 아니라 성공을 위한 어떠한 노력조차도 하지 않는다. 나는 그런 그들에게 책 읽기를 적극적으로 권하고 싶다.

우리나라 여성들은 뜻밖에 책을 읽지 않는다. 자신의 성공을 돕는 데 중요한 역할을 해주는 책 읽기와는 담을 쌓는 것이다. 그 대신 틈만 나면 수화기를 들어 친구들과 수다를 떤다. TV 리모컨은 자기 분신이라도 되는 양손에서 놓지를 않고, 인터넷 서핑이나 낮잠 자기는 어느새 생활의 일부분이 되어버렸다. 그런 사람들은 너무도 당당하게 온종일 열심히 살았다고 말하지만, 말 그대로 열심히 살기만 했을 뿐이다. 그렇게 아무리 살아봐야 자신이 원하는 발전이나 성공을 기대하기는 어렵다.


나태한 삶은 당연히 자신을 발전시키지 못한다. 아니 발전은커녕 뒤처지지 않는 것만으로도 다행으로 생각해야 한다. 이유는 간단하다. 당신 자신을 위한 가장 기본적인 '이유 있는 책 읽기'를 하지 않았기 때문이다.

책을 읽으면 졸음이 오고 재미없고 따분하다며 책 대신 TV 리모컨이나 핸드폰을 집어 드는 아내들이 있다. 그러나 언제까지 당신의 영혼을 영양가 없는 곳에 빼앗기며 살 수는 없다.

자신을 위해서는 이유 있는 책읽기를 반드시 시작해야 한다. 나 또한, 이유 있는 책 읽기를 지금까지도 꾸준히 하고 있다.

다음은 내가 '이유 있는 책 읽기'를 하는 몇 가지 이유를 요약해 보았다.



꾸준히 책을 읽어오기는 했지만, 모든 내용을 다 기억하지는 못한다. 더군다나 요즘은 기억력도 감퇴하여 일주일 전에 읽은 책 제목조차도 생각해내지 못할 때가 있다. 그런 나를 보며 사람들은 말한다. '금방 잊어버릴 거 뭐 하러 시간 낭비 하냐?'라고. 그러나 나는 그러기에 더욱 더 책을 읽는다. 매 순간 깨어 있고 싶어서이다. 깨어 있음으로 인해 '내가 무엇을 해야 하는지', '앞으로 어떻게 살아야 하는지', '어떻게 살 것인지' 등을 고민하게 된다.

그런 생각들은 나를 발전시키고 변화시키는 데 중요한 영양분이 되어주고 항상 나태해지지 않도록 동기부여를 확실히 해준다.

때로는 강하고 섬세하게 때로는 다정하고 부드럽게 조언을 해주는 책은 늘 긍정적인 생각으로 새로운 꿈을 꾸게 하고 도전할 수 있게 해 준다. 나를 긍정적인 방향으로 변화시키는데 이만한 것이 없다.

주말이면 나는 가끔 아이들과 함께 도서관을 찾는다. 아이들이 있어 어린이 열람실을 함께 이용하는 경우가 있을 때면 나는 다른 아이들과 함께 온 엄마들을 유심히 관찰하게 된다. 내 또래의 여성들은 어떤 책을 읽고 어떤 생각을 하는지 궁금해서이다. 그러나 아쉽게도 나는 도서관을 찾은 엄마들에게서 그 어떠한 궁금증도 해결하지 못한다.

이유는 간단하다. 엄마들이 읽는 책은 엄마들을 위한 책이 아니라 자녀들을 위한 책이기 때문이다. 며칠 후에 제출할 독후감을 쓰기 위해 아이 대신 책을 읽는 엄마, 매주 제출해야 하는 독서 기록장을 위해 팔 걷어붙이고 나선 엄마, 아무 생각 없이 손에 동화책을 들고 있는 엄마.

물론 엄마들의 그러한 행동이 아이들의 눈높이에서 함께 공감하고 대화할 수 있는 이야깃거리를 찾기 위해서일 수도 있다. 그러나 나는 어떠한 이유에서건 이제 그만 아동서적에서 졸업하고 자신을 위한 책을 읽으라고 말하고 싶다. 독서 수준을 향상하라는 것이다. 언제까지 자식들을 위해서 자신이 읽는 책마저도 양보하며 아동서적에 머무를 수만은 없다.

자식에게 무조건 희생하고 양보하며 사는 삶이 아직은 즐겁고 행복할 수 있다. 그렇다. 그런 것쯤은 아직 괜찮다고 생각할 수 있다. 그러나 그런 사람들이 대부분 자식에 대해 큰 기대를 하게 되고 그 기대에 자식이 미치지 못하면 배신감을 느끼고 허탈해한다. 누가 시킨 것도 아니고 자신이 스스로 한 일이면서 자식에게 보상받고자 하는 기대심리가 은근히 내면에 잠재되어 있었기 때문이다.

분명히 말하지만, 자식이 당신의 삶을 대신 살아 주지는 않는다. 그 부분은 지금 당신이 부모에게 하는 것만 생각해도 금방 깨우칠 수 있을 것으로 생각한다. 그렇다면 앞으로 여러분이 어떤 독서를 해야 하는지도 답이 나왔으리라 생각한다.


독서의 필요성은 아무리 강조해도 지나침이 없다. 독서를 통해 얻어지는 효과가 어느 정도인지를 알고 있다면 말이다.

세계적인 부자 빌 게이츠는 소문난 독서광으로 어릴 때부터 도서관에서 살았을 정도였다. 그는 자신의 성공비결을 독서 습관으로 꼽았을 정도이다. 미국의 대표적인 여성 방송인 오프라 윈프리 또한, 가정부 출신 미혼모에게서 태어나 가족들에게 성폭행을 당하는 불우한 어린 시절을 보냈지만, 책을 읽기 시작하면서 그녀의 인생이 달라졌다고 고백한 바 있다. 초등학교 졸업장이 전부인 현대그룹 명예회장 정주영은 책 읽기를 게을리하지 않음으로써 세계적인 기업가가 될 수 있었다. 이처럼 성공한 사람들에게는 꾸준한 책 읽기가 든든한 뒷받침이 되어 준 것이다.

　지금 당신에게 필요한 것은 자식의 미래를 위한 책이 아닌 당신 자신을 위한 책이다. 자식이 당신의 미래를 대신 살아주지도 책임져 주지도 않기 때문이다. 당신의 미래는 자신이 책임지고 이끌어 나가야 한다. 그러기 위해서는 독서 수준을 향상해야 한다. 당신의 감성을 자극할만한 소설이나 에세이집도 좋지만, 우선은 당신의 가슴을 뛰게 하고 마음을 움직이게 할 자기계발서를 많이 읽으라고 권하고 싶다. 자신을 변화시키고 발전시키는데 그만한 스승이 없음을 나는 이미 경험했기 때문이다.

# 1%의 가능성을
# 믿어라

한 선교사가 아프리카 오지마을로 복음을 전하러 갔다.

선교사는 매일 아침 눈을 뜨면 먼 길을 걸어가 물을 길어오는 게 하루의 일과인 원주민들을 보며 안타까워한다. 매일 똑같은 일을 반복하며 힘들어하는 그들을 보며 선교사는 그들을 도울 일이 뭐가 있을까 곰곰이 생각한다.

'지성이면 감천'이라고 어느 날 선교사는 동네 주변을 샅샅이 뒤져 수맥을 발견하게 된다. 그리고 선교사는 기쁜 마음으로 마을의 추장을 찾아갔다.

추장은 지금 당장은 어렵고 내일 부족 회의를 열어 상의해 보겠다
고 한다. 당연히 내일부터는 우물 파는 일을 시작할 수 있을 거라 믿
고 집으로 돌아온 선교사는 그 다음 날 추장으로부터 뜻밖의 소리를
듣게 된다.



언젠가 교회 설교시간에 들은 이야기이다. 우리가 보았을 때 아프
리카 원주민들은 앞을 내다보지 못했다. 지금 당장 눈앞에 것만 생
각했고, 물 길어 오는 일에만 몰두한 나머지 현명한 판단을 하지 못
한 것이다. 만약 원주민들이 미래를 내다보고 우물을 팠더라면 가까
운 미래에는 온종일 물을 나르는 일에만 시간 낭비를 하지 않아도
됐다. 그랬으면 매일 물을 나르는 시간에 다른 건설적인 일을 시작
할 수 있었고, 어쩌면 마을에 커다란 변화가 생겼을 수도 있었다.

결국, 그들은 미래의 일들을 믿지 못했고 일의 우선순위를 정하지
못함으로써 매일 힘든 일을 자처하게 된 셈이다.

어리석은 사람들은 눈앞에 것만 보려 한다. 당연히 그 뒤에 숨겨
진 보석은 볼 수가 없다. 안타까운 것은 그들의 아둔함을 그들 자신

은 정작 모른다는 것이다. 우리 또한, 그들과 마찬가지이다.



장담하지 마라. 당신도 그 상황에 처해 있었더라면 비슷한 생각과 판단을 했을 것이다.

지금 당신의 삶을 살펴보자. 주변에서는 당신에게 "꿈을 가져라!", "요리에 재능이 있어 보인다.", "손재주가 있다.", "아무것도 안 하고 그냥 놔두기엔 실력이 너무 아깝다.", "도전하면 성공할 가능성이 충분히 있다." 등의 조언 섞인 이야기를 끊임없이 한다.

그러나 당신은 "아직은 때가 아니다.", "지금 당장은 시간이 없다.", "여유가 없다.", "실패하면 어떡해?" 등의 이유로 단호히 거부한다.

분명히 시작하면 성공할 수 있다. 그리고 성공하면 지금보다 더 만족스러운 삶을 살 수도 있다. 그런데 당신은 그것을 원주민들처럼 미루고 있다. 바쁘다는 이유로, 성공 확률이 높지 않다는 이유로, 확신이 없다는 이유로…

과연 성공을 미루고 있다면 당신은 원주민들과 무엇이 다르다고 생각하는가?

우리가 잘 알고 있는 이솝우화 중 '토끼와 거북이의 경주'가 있다. 언뜻 보았을 때 둘의 경주는 누가 봐도 토끼가 이긴다. 그러나 우리의 예상과는 달리 결과는 거북이의 승리로 끝이 난다.

거북이는 짧은 다리에 무거운 껍질을 등에 업고 있다. 아무리 빨리 기어간다 해도 긴 다리와 날렵한 몸을 가지고 있는 토끼를 이길 수 없다. 더군다나 바닷속 경주도 아니고 육지에서의 경주이다. 이런 조건과 환경이라면 99% 토끼가 이긴다.

만약 이런 상황에서 당신이 거북이라면 토끼와의 경주에 도전하려 했을까? 해보나 마나 한 뻔한 경주라며 시도조차 하지 않았을 것이다. 왜? 99% 토끼에게 질 것이 확실하니까!

그러나 거북이는 1퍼센트의 가능성에 도전했고, 그 1퍼센트의 믿음이 거북이에게 승리라는 값진 결과를 가져다주었다.


얼마 전 나는 작가라는 꿈에 도전하게 되었다.

나에게 책을 써 본 경험은 당연히 없었다. 고작해야 글짓기 상, 독후감 상 몇 번 받은 정도이다. 지금까지 글을 써본 일이라고는 학교 다닐 때 숙제로 했던 1주 1제의 작문 쓰기와 글짓기, 독후감이 전부였다. 물론 틈틈이 한 편지 쓰기와 일기 쓰기도 있기는 하다.

그러나 그런 것들은 누구나 한 번씩은 해본 일이다. 남달리 글 쓰는 재주가 있고 글 쓰는 것을 좋아한다고 해도 한 권의 책을 쓴다는 것은 아무나 쉽게 할 수 있는 일이 아니다.

그래서 나는 '작가라는 꿈에 도전하느냐?', 아니면 이번에도 '꿈만 꾸다 말 것이냐?'를 두고 한동안 고민했었다.

'평범한 내가 과연 작가가 될 수 있을까?'

'작가가 되려면 책을 써야 하는데, 직장생활 하면서 책은 어떻게 쓰지?'

'에이, 꿈일 뿐이야! 내가 어떻게 작가가 되겠어?'

머릿속에는 온통 '할 수 없어', '내가 어떡해', '불가능해' 등의 부정적인 생각들뿐이었다. 새로운 길에 대한 두려움이 앞섰고 주변 반응에 대응할 만한 자신감도 없었다. 그러나 '언제까지 꿈을 미루고만 살 것인가?'를 곰곰이 생각해 보았다.

마흔을 바라보는 나이에 지금까지 한 일이라고는 꿈만 꾸었다는 것이다. 그것도 열심히 간절히도 아니고 생각날 때 가끔. 게다가 꿈을 이루고자 하는 마음도 직접 도전해 본 일도 거의 없었다. 문득 '이러다 내 인생 앞으로도 별다를 게 없겠구나!' 하는 생각이 머릿속을 스쳤다.

평생 지금과 같은 모습으로 미래를 살고 싶지 않았다. 그래서 나는 '1퍼센트의 가능성만 있어도 도전해 보자!'라는 결심을 했다. 그리고 가능성을 찾기 시작했다.

평소 독서를 꾸준히 해왔고 책을 써본 경험은 없지만, 글을 써본 적은 분명 있었다. 워킹맘이라 시간이 없을 것이라 생각했지만, 잠을 줄이면 충분히 가능한 일이었고, 무엇보다 작가가 되고자 하는 '열정'이 있었다.

그렇게 조금씩 가능성을 찾다 보니 내가 생각했던 것 그 이상의 가능성이 나에게 보이기 시작했다. 나는 가능성을 찾고 있다는 그 자체만으로도 행복했다. 그것을 해보겠다는 의지의 표현이라 생각했기 때문이다. 나는 이내 '할 수 있다.', '하면 된다.', '해 보자!' 하는 자신감과 긍정의 마음이 싹트기 시작했다.

그렇게 나는 책 쓰기에 도전했고 얼마 전 출간 된 『여자의 물건』에 공저자로 참여함으로써 작가로서의 길을 걷게 되었다. 그리고 지금도 그 꿈을 위해 부지런히 책 쓰기를 하고 있다.

내가 만약 99%의 불가능만 보고 1% 가능성을 보려 하지 않았다면 분명 작가라는 꿈은 이룰 수 없었다. 그리고 지금까지도 예전과 같은 평범한 워킹맘에 불과했을 것이다. 당시 나는 이런 생각을 했다.

'책을 쓰는 일이 어려운 일이기는 해도 작가가 되는 일이 불가능한 것은 결코 아니다.'
'그래 한번 해보는 거야!'

올해도 내가 꿈을 꾸지 않았더라면 평범한 워킹맘으로 2013년을 보냈을 것이다. 그러나 불가능보다는 가능성에 도전함으로써 작가라는 꿈을 이루는 뜻깊은 해가 될 수 있었다.

나는 인간이 스스로 한계라고 규정짓는 일에 도전해 그것을 이루어 내는 기쁨을 보람으로 여기고 오늘까지 기업을 해왔고, 오늘도 한결같이 도전을 계속하고 있다.
인간의 잠재력은 무한하다.
이 무한한 잠재력은 누구에게나 무한한 가능성을 약속하고 있다.

세상을 살면서 가능한 일을 스스로 불가능한 일로 만들어 버리지는 않는지 신중히 생각해 보아야 한다. 결단코 할 수 없는 일이라는 것은 없다. 0.01%라도 가능성은 늘 존재한다. 당신이 생각하는 불가능이란 것은 '가능하지 않은 것'이 아니라 '안 하는 것'이다.

당신이 하고자 하는 일에 100% 불가능하다는 것은 절대로 존재하지 않는다. 거북이처럼 1%의 가능성에 자신의 믿음을 99% 더하여 당신의 꿈을 100% '가능'으로 만들어라. 아프리카 원주민들처럼 지금 당장 눈앞의 일을 놓지 못해서 미래의 숨겨진 보석을 놓치는 일은 더는 되풀이 하지 말아야 한다.

# 당신이
# 믿는 대로 된다

자신에 대한 긍정의 믿음은 자존감을 높여주고 자기 스스로 가치를 높여 줄뿐만 아니라 자신도 몰랐던 잠재적인 능력을 발산시킨다. 또한, 믿음에 대한 확신이 있는 사람은 그렇지 못한 사람에 비해 모든 면에서 자신감을 갖게 된다. 그리고 자신에 대한 자신감은 스스로 한 단계 발전시키고 성장시키는 데 중요한 밑거름이 된다.

나에겐 태권도를 4년째 배우고 있는 딸과 아들 녀석이 있다. 그

두 녀석은 올해부터 태권도 학원에서 운영하는 시범단에서 매일 구슬땀을 흘리며 열심히 훈련을 받고 있다. 시범단에 입단한 지 얼마 되지 않은 어느 날의 일이다. 하루는 아들 녀석이 태권도 학원을 마치고 집에 돌아와서는 시무룩한 표정으로 있더니 결국은 울음을 터뜨리는 것이었다.

"현태야! 왜 그래? 태권도 학원에서 무슨 일 있었니?"

"엄마, 오늘 시범단 공연 연습했는데 누나는 앞자리에서 하는데 저는 맨 뒤에요. 저도 앞자리에서 하고 싶은데…, 제가 제대로 못 해서 뒷자리로 밀린 것 같아요. 저는 소질이 없나 봐요, 저 태권도 하기 싫어졌어요."

태권도를 좋아하고 나름대로 유품자라는 자부심을 가지고 잘하려고 노력하는 자신에게 그런 일이 있어서 무척이나 속이 상했던 모양이었다. 나는 그런 아들 녀석에게 위로와 격려의 말을 해 주어야 했다.

"현태아, 이빠가 말씀하시는데 현태는 태권도 품새 할 때 동작이 정확하고 자세가 누나보다 더 잘 나온대."

"정말이요? 아빠가 정말 그러셨어요?"

"물론이지, 그러니까 현태야! 너 자신을 믿고 자신 있게 연습하다 보면 곧 네가 원하는 앞자리로 옮겨질 수 있을 거야, 그러니까 너 자신을 믿고 조금만 더 열심히 해 보자"

"헤헤헤…, 네! 알겠어요."

얼마 지난 후, 아들 녀석이 문을 열고 후다닥 뛰어들어와서는 기쁜 표정을 지으며 나에게 말을 한다.

"엄마, 저 오늘 드디어 자리를 옮겼어요. 제가 원하는 앞자리로 위치가 바뀌었어요."

그 뒤로도 몇 차례 자리 이동이 있었고 체육대회 행사에서 시범단 공연이 있었다. 거기에서 현태는 자신이 그토록 원하던 앞자리 가운데에 있었고, 즐거운 마음으로 자신의 기량을 마음껏 뽐낼 수 있게 된 것이다. 나는 솔직히 아들 녀석이 그 정도로 발전된 모습을 보여줄 거라는 생각은 미처 하지 못했다. 그러나 아들 녀석은 아빠의 칭찬과 엄마의 격려를 스펀지처럼 그대로 빨아들였다. 그리고 마음속에 '나는 잘할 수 있다!' 라는 믿음을 확실하게 품었던 것이다. 만약 아들 녀석이 자신에 대한 믿음을 갖지 않았더라면 지금쯤 시범단을 포기하고 다른 아이들처럼 정해진 시간에 똑같은 수업만 받고 오던가 아니면 태권도 학원을 아예 그만두었을지도 모른다.

최근 아들 녀석은 인천 남동구에서 개최한 태권도 대회에서 개인전 품새 부문 금메달과 단체전 태권 체조 부문 대상을 받아왔다. 현태는 부정적인 생각을 바꾸고 긍정의 믿음을 선택함으로써 자신감도 얻고 그 자신감으로 자신을 한 단계 발전시키고 성장시킨 것이다.

요즘 아들 녀석의 입에서는 이런 말이 자주 나온다.

"엄마, 저는 저 자신이 정말 자랑스러워요"

스스로 자존감을 높이는 그런 말을 들을 때면 아들이 한없이 대견스럽다. 그리고 '자신에 대한 믿음이 사람을 이렇게 변화시킬 수 있구나!' 하는 걸 새삼 다시 한 번 깨닫게 된다.



인간은 부정적인 생각보다는 긍정적인 생각을 하며 살아야 한다. 모든 것은 당신이 할 수 있다고 생각하면 할 수 있고, 할 수 없다고 생각하면 결국, 할 수 없게 되는 것이다.

한 선생님의 선입견과 실수로 IQ 173이 73으로 잘못되어 17년간 바보로 살았던 한 남자가 있다. 호아킴 데 포사다, 레이먼드 조 저서에 나오는『바보빅터』의 이야기이다.

빅터는 소심한 성격 때문에 학교에서 늘 자신감 없는 아이로 지냈다. 또 그는 어수룩한 말과 행동 때문에 늘 친구들에게 놀림만 당하기 일쑤였다. 게다가 다른 아이들과는 다른 빅터의 특이한 행동은 그의 담임선생님에게까지도 나쁜 편견을 가지게 했다.

IQ 테스트가 있던 어느 날, 173이라는 숫자를 담임선생님은 그동안에 가지고 있던 빅터에 대한 선입견 때문에 IQ 73일 것이라는 생각을 너무나 당연해한다. 그때부터 빅터는 '무능아'에 이어서 '저능아'라는 놀림까지 받는다. 빅터는 어쩔 수 없이 학교를 그만두고 정비소 일을 하게 된다.

어느 날 빅터는 유능한 인재를 뽑기 위해 한 회사가 도로 옥외 광고판에 올린 수학문제를 풀어낸다. 그의 재능을 애프리 창립자인 테일러 회장이 알아보았고 빅터는 애프리의 직원이 된다. 그때까지도 빅터는 여전히 자신을 믿지 못했다.

훗날 빅터는 인구대비 상위 2%의 IQ를 가진 사람들만 가입할 수 있는 국제멘사협회 신임회장 취임식에서 이런 말을 한다.

"절대로 우리의 가치는 정해져 있지 않습니다. 아무리 뛰어난 재능이 있어도 자신을 과소평가하면 그 재능은 빛을 볼 수 없습니다. 도전해 보지도 않고 자신을 과소평가하는 일은 바보 같은 행동입니다. 자신을 스스로 위대한 존재라 생각하고 믿으세요. 그러면 행동도 위대하게 변할 것입니다."

빅터는 지난날을 후회한다.

"스스로 믿지 못한 나 자신은 진짜 바보였다."

IQ 73이라는 잘못된 숫자에 자신을 맞춰가며 자신의 잠재력을 맘껏 펼치지 못하고 17년 동안 바보로 살았기 때문이다.

혹시 우리에게도 바보 빅터의 모습은 없는지 살펴볼 필요성이 있다. 세상의 고정된 틀에 갇혀 혹은 사람들의 편견이나 따가운 시선이 불편해서 자신의 삶을 타인의 기준에 맞추려고 하지는 않는지? 당신이 무엇을 믿느냐에 따라 당신의 인생이 결정된다. 당신이 작가가 될 거라 믿으면 작가가 될 것이고, 잘나가는 CEO가 될 거라 믿으면 반드시 최고의 CEO가 될 것이다.

당신은 자신을 얼마나 믿는가? 자신을 그리고 자신의 미래를 믿고 안 믿고는 100퍼센트 본인 의지에 달려있다. 앞에서 이야기한 아들 녀석의 경우 자신의 꿈은 태권도 선수가 되는 것이라고 한다. 올림픽에 출전해서 꼭 금메달을 획득해 엄마의 목에 걸어주겠다고 한다. 나는 그런 아들에게 부디 자신과 자신의 꿈을 확실하게 믿으라고 말해주고 싶다.

나의 경우 나는 나 자신을 믿었고 내 미래의 꿈을 믿으며 반드시 이루어질 거라 확신했다. 그 결과 내가 꿈꾸어 왔던 작가라는 꿈을 마침내 이루었다. 그러나 나는 여기서 멈추지 않을 것이다. 작가가 되겠다는 꿈은 이루었지만 아직은 하고 싶은 일 꿈꾸는 일들이 너무도 많기에 멈추지 않고 나를 철저히 믿으며 또 다른 도전의 길을 걸을 것이다.

이처럼 당신도 자신을 믿는 데 있어 조금의 의심도, 방심도 하지 말고 절대로 자신의 삶을 소홀히 하지 말아야 한다. 그러면 꿈은 당신이 믿는 대로 반드시 그대로 이루어진다.